突破对手

心理防线的谈判

尹大卫◎著

中华工商联合出版社

图书在版编目（CIP）数据

突破对手心理防线的谈判 / 尹大卫著. -- 北京 ：中华工商联合出版社，2015.8

ISBN 978－7－5158－1351－6

Ⅰ．①突… Ⅱ．①尹… Ⅲ．①商务谈判Ⅳ．①F715.4

中国版本图书馆 CIP 数据核字（2015）第 143514 号

突破对手心理防线的谈判

作　　者：尹大卫
责任编辑：吕　莺　郑承运
封面设计：刘佳梦
责任审读：李　征
责任印制：迈致红
出版发行：中华工商联合出版社有限责任公司
印　　刷：晟德（天津）印刷有限公司
版　　次：2015 年 9 月第 1 版
印　　次：2025 年 3 月第 2 次印刷
开　　本：710 mm × 1000 mm　1/16
字　　数：160 千字
印　　张：13
书　　号：ISBN 978－7－5158－1351－6
定　　价：48.00 元

服务热线：010–58301130
销售热线：010–58302813
地址邮编：北京市西城区西环广场 A 座 19–20 层，100044
http：//www.chgslcbs.cn
E–mail：cicap1202@sina.com（营销中心）
E–mail：gslzbs@sina.com（总编室）

谈判桌上凭的是智慧

代　序

不管你喜欢不喜欢，愿意不愿意，你每天总是在不知不觉中与别人谈判，比如你和爱人商量去哪里吃饭；或者与孩子商定他们何时熄灯睡觉；或者与律师协商解决公司之间的财务诉讼……

大到关于国际问题的争议，小到家庭夫妻之间的家务分配商讨。谈判，无处不在，无时不有，世界就是一张巨大的谈判桌，人们常常是通过谈判来解决问题、做出决定的。

虽然谈判每天都在发生，但要谈出好的结果却不容易。几乎所有的人在谈判时都存在着困惑，感觉这世界越来越难以应付。难缠的交涉者、隐藏的决策者、背信毁约、僵化的政策，等等。同时，人们对通常的谈判技巧不是感到不满意，就是敬而远之。

要怎么做，才能成为一流的谈判专家、顶尖的沟通高手?

要怎么做，才能让不同国家、不同价值观的对手，无条件相信你，点头说“YES”？

要怎么做，才能培养无法抗拒的个人魅力，成为令人尊敬，让对方印象深刻的人?

我们所面对的每一场谈判都是一场心理博弈，我们总是想预测对方的意识、同时思考着自己该如何应对，以求在博弈中得到最大收益。而谈判者的心理活动是由自身的认识、水平、修养等素质所决定的，一名普通谈判人员与资深谈判高手的差别就在于后者更能够洞察对方的心理，能一步步地改变对方的思想，引导对方的情绪，并将自己的意志灌输给对方，使谈判向有利于己方的方向发展。

本书介绍了关于谈判的新理念、新观点和新方法——根据价值来寻求双方的利益而达成协议，并不是一味通过讨价还价来定胜负；当双方利益发生冲突时，坚持使用某些客观的标准来做决定，而不是用双方意志力来比拼；要把人与问题分开，要着眼于利益而不是立场。

当然，谈判没有放之四海皆准的方法，即使面对同一个人，在不同时间、不同场合，谈同一件事，结果也可能完全不同，这就要求我们必须因地制宜，把焦点放在特定情境、特定的人以及特定的目标上。

所以，当我们要与老板商量涨薪，要与肇事者一起解决交通事故引发的纠纷，要与陌生人商定买房的价格时，并没有一成不变的方法可供参考。方法有千百种，因此本书强调，在不同阶段、不同情况下运用的谈判技巧是各不相同的。比如谈判双方处于平等地位时，与己方处于被动地位时运用的策略自然有所差别，再如在贸易谈判中，开局、报价和签约时的谈判策略更是大相径庭。

本书的主要目的是把理论概念变成实用知识，让你在现实世界中活用谈判技巧，提高谈判能力，把看似不可能的事变成可能。

我们的“谈判大使”，你准备好了吗？

目　录

扫码获取
更多资源

第一章　双赢——各自利益的最大化

你不但要赢得现在，还要赢得将来。

1. 最好的结局是双方都觉得自己赢了

什么是谈判？

谈判是一种以自己已有的社会地位与力量作为基础，通过沟通来影响他人或集体的行为，从而达到自己目的的活动。谈判是社会生活中不可缺少的交往方式。

什么是最好的谈判结果？

最好的结果是当你和对方离开谈判桌的时候，你们双方都觉得自己赢了。

在美国，有这样一个经典的谈判小故事。

有一个女人把一个橙子给了邻居的两个孩子，这两个孩子便开始讨论如何分这个橙子。两人吵来吵去，最终达成了一致意见：由一个孩子切橙子，而另一个孩子选橙子。结果，这两个孩子按照商定的办法各自取得了一半橙子，高高兴兴地拿回家去了。

第一个孩子把半个橙子拿到家，把皮剥掉扔进了垃圾桶，把果肉放到榨汁机里榨果汁喝。另一个孩子回到家把果肉挖掉扔进了垃圾桶，把橙子皮留下来磨碎了，混在面粉里烤蛋糕吃。

我们可以看出，虽然两个孩子各自拿到了看似公平的一半，然而，他们各自得到的东西却并未物尽其用。这说明，他们事先并未做好沟通，也就是两个孩子事先没有申明各自利益所在，只是盲目追求形式上的公平，结果，双方各自的利益并未在谈判中达到最大化。

试想，如果两个孩子充分交流各自所需的东西，或许会有多种方案可选。两个孩子可以想办法将皮和果肉分开，一个拿到果肉去榨汁，另一个拿皮去做烤蛋糕。

当然，如果恰恰有一个孩子既想要皮做蛋糕，又想喝橙子汁。这时，如何处理呢？这时，想要整个橙子的孩子可以提议将其他的问题拿出来一块谈。他可以说：如果把这个橙子全给我，你上次欠我的棒棒糖就不用还了。其实，他的牙齿被蛀得一塌糊涂，父母上星期就不让他吃糖了。另一个孩子想了想，很快就答应了。他刚刚从父母那儿要了5元钱，准备买糖还债。这次他可以用这5元钱去打游戏，才不在乎橙子呢。

两个孩子的谈判思考过程实际上就是不断沟通，创造价值的过程。双方都在寻求对自己最大利益的方案的同时，也满足对方的最大利益的需要。

商务谈判的过程实际上也是一样。好的谈判者并不是一味固守立场，追求寸步不让，而是要与对方充分交流，从双方的最大利益出发，创造各种解决方案，用相对较小的让步来换得最大的利益，而对方也应是遵循相同的原则来取得交换条件。也就是说，在满足双方最大利益的基础上，如果还存在达成协议的障碍，那么就不妨站在对方的立场上，替对方着想，帮助扫清达成协议的一切障碍。

谈判的目的是达到一个双赢的结果。最好的结局是当你和对方离开谈判桌的时候，你们两人都觉得自己赢了。

20世纪伟大的数学家约翰·凡·诺曼创立了一种二进制概率游戏。在这种游戏中，所有的活动被分成两种形式或两种类别。若其中一种行动（或一方）的推进是以另一方的后退为代价，这被称作“零和游戏”（意味着一方得“零”，另一方得“一”或更多）；若其中两种行动（双方）同时向双方均有利的方向推进，就称为“非零和游戏”。流行术语将“零和游戏”称为“胜对负”，将“非零和游戏”称为“胜对胜”。

一个人要想成为凡·诺曼游戏的赢家，必须掌握三种技巧：零和对弈（因为许多情况要求如此），非零和对弈（当然许多情况也要求这种游戏模式），以及哪种情况下选择哪种模式。

在体育运动中，大多数都属于一方胜一方负的情形，如乒乓球、羽毛球、百米赛跑等。一个人不可能在一个项目中做到在自己不失利的情况下帮助对方。这些都是“零和游戏”或“胜对负”的游戏。

“非零和游戏”说明：一方若以击倒另一方为游戏主旨，则会造成双方皆输的结果。赢得均胜游戏的唯一途径是帮助另一方获得使其满意的收益。

谈判是一种涉及买卖双方的活动，即买卖双方都期望从交易中得到好处，并且双方经过权衡，认定必能从交易中得到好处，交易才能够实现。也就是说，所谓的双赢谈判应是“胜对胜”的游戏。对谈判者来说，他的最大职责不是考虑如何使自己获胜——卖出更多的产品、赚到更多的钱，而应考虑如何协助、支持对方获胜。

高明的谈判活动是一种双赢活动，我们得到利润，客户得到了产品的使用价值，买者欢喜，卖者得意。

2. 不但要赢得现在，还要赢得未来

我们说的双赢的意义是什么？真的意味着双方都赢吗？或者意味着双方都输了才公平？如果每一方都认为自己赢了而对方输了呢？那还是双赢吗？

如果你拿着一个大订单离开了，心里在想：我赢了！如果买主是个更有的经验谈判者我本来还可以把价格再降一点儿。而买主会怎样想呢？他心里想的是他赢了，如果对方是一个更高明的谈判对手，他还可以给更高的价格。所以，双方都觉得自己赢了，而对方输了。这是双赢吗？

是的，我相信是，如果他们一直有上面所述的那种感觉的话。只要第

二天早晨醒来，双方没有人会想："我现在才明白被他们的花言巧语给欺骗了……"

如果这次你把对方"打得很惨"，那么，很可能就意味着，下次对方会想尽一切办法，用尽一切手段，"以牙还牙"，加倍奉还。如果你占了另一方的便宜，而对方知道了，那么对方最终将不再愿意与你合作。

在美国，一位客户通过阅读行业杂志上的文章，发现他的一位供应商向他收取比同行价格高15%的费用，还向他保证这是最低价。可以想象出当时客户发现几年来被当成傻子愚弄的感觉。他气坏了，不是因为被多收15%费用本身，而是因为有了被欺骗的感觉。于是，客户撤走了好几百万美元的资金，并起诉该供应商要求退还多收的费用和赔偿损失，还采取措施使整个行业对该供应商产生不信任感。该供应商虽曾因客户的损失而"获利"，但最后却造成两败俱伤的结果。

谈判的结果一定要让对方心甘情愿地认可，也就是令人产生"与你合作真好"的感觉。任何买卖只有出现双赢的局面才能保持长久的业务往来。其实，这是个简单的常识，我们之所以在这里一再重申，是因为每天都会有许多谈判者一再犯这类错误。

谈判的目的在于，双方基于某种程度的妥协，寻求一个彼此都能接受并满意的共同点。因此，达成协议之后，双方仍然要以生意伙伴的关系继续合作。即使是最极端的谈判手段——战争，在兵戎相见之后，彼此仍要和谈，战争永远无法最终解决问题。

若以结果而言，谈判所求的结果并非挑战或对立，而是一种"竞争合作"。这种"竞争合作"的概念，是站在双方意图"长期合作"的立场上产生的。"我们在这里谈判的目的是为了合作，而不是要你死我活。"我的朋友，美国谈判学会会长尼伦伯格曾如此说。

在商业买卖的谈判场合中，你过度贪婪、压榨对方的后果，可能是最终得多花一点时间去寻找其他买家，或在极度不悦的情况下达成妥协，甚至有可能引起其他严重后果。许多企业会由合作状态演变成撕破脸的结局，这都是因为谈判时过度贪婪引起的。

即便面对的是一场占尽优势的谈判，或是一个实力较弱的谈判对手，也不能赶尽杀绝，丝毫不留余地。也就是说，即使成功地迫使对方接受我方的条件，但对方心怀不平或是觉得受辱的话，最终失去的东西往往会比得到的要多得多。

商业谈判并非只交手一次就告结束。如果不好好处理，下一次碰面时，对方就会产生戒心，甚至发起强烈的反击。如此一来，原本是彼此都可获利的双赢，对方也可能会为了“报上次的一箭之仇”而抗拒合作，最后导致谈判陷入僵局。

更糟糕的情况是，对方要是提出“如果不撤换谈判代表，和贵公司就没什么好谈”的要求，你就连对方公司的大门都进不去了。

亏本的买卖没人做，这是商业规则。你必须用双赢的心态去处理你与企业之间的、企业与商家之间的、企业与消费者之间的关系。你不能为了自身的利益去损害企业的利益。没有大家哪有小家？企业首先是一个利润中心，企业都没有了利益，你也肯定没有利益。同样，你也不能破坏企业与商家之间的双赢规则，只要某一方失去了利益，就必定会放弃合作。消费者满足自己的需求，而企业实现自己的产品价值，这同样也是一种双赢。

关键在于，我方在谈判获胜之际，必须让对方产生一种“其实自己也没有输”的印象。所以，成功的谈判可被定义为：你可以从中获得你想要的一切东西，并且对方也愿意继续与你合作。对于双方而言，只有树立长远的、可持续发展的合作关系，才是真正有“价值”的事情，才是实现“双赢”的关键。

我个人更喜欢这样为“谈判”下定义：“达成与对方完美合作，创造双赢的过程。”特别在竞争激烈的现代社会里，“双赢”的概念尤其难能可贵，因为它可以同时兼顾多方的利益。

总之，谈判不是一锤子买卖，而是要和客户建立长期关系。如果企业与客户建立了长期的业务关系，在企业景气时，会把企业的成功推向巅峰；在企业不景气时，则会维持企业的生存。遵守双赢的原则，是谈判成功的前提。

3. 着眼于利益，而不是立场

有这样一个例子：两个人在图书馆吵架，一个要把窗户打开，另一个要把窗户关上。他们俩为了窗户应该开多大争执不休，是留条缝、半开还是打开四分之三？没有一种方案能让两人都满意。

这时图书馆管理员走了进来，她问其中一个人为什么要开窗户，回答说："为了呼吸新鲜空气。"她又问另一个人为什么要关窗户，那人说："怕有穿堂风。"管理员想了一下，把隔壁房间的一扇窗户敞开了，这样既有新鲜空气流通过来，又避免了穿堂风。

这个例子在谈判中颇具代表性。表面上看起来，这两个人的问题在于他们的立场发生了冲突。既然双方的目标是想在立场上达成共识，谈判就不可避免陷入僵局。

如果管理员只注重他们俩的立场——一个要开窗，一个偏要关窗，她就不可能找到解决问题的办法。但是她注意到双方的真正利益，是呼吸新鲜空气和避免穿堂风。

这说明一个道理,在谈判中把立场与利益区别开来是解决问题的关键。明智的办法是协调双方利益而不是立场。谈判的根本问题不在于双方立场上的冲突，而在于双方需求、愿望和想法等方面的冲突。

谈判的一方可能会说："我们谈不拢。他的房子开价 100 万元，我只能出 90 万元，多 1 分都不行。"

但问题的实质是，买方至少需要 10 万元与前妻了断婚姻，而且他告诉过家人，他最多花 90 万元买的房子。

利益驱动人的行为，是立场争执背后的动机。你的立场就是你已做的决定，而利益是导致你做出这一决定的原因。

调和双方的利益而不是立场，这种方法之所以奏效有两个原因。

首先，利益可以通过多种方式得到满足。如果你能从对立的立场背后寻找利益动机，也许就能找到既满足自己的利益，又能满足对方利益的新立场。

其次，对立的立场背后既有相互冲突，也有共同利益。我们通常会这样认为：对方的立场与我们的立场背道而驰，对方的利益也一定与我们的利益格格不入。如果我们的利益是要保护自己，那对方一定想攻击我们。如果我们希望房租尽可能便宜，对方一定会使劲地把房租往高抬。其实在大多数谈判中，只要能仔细考虑潜在的利益需求，就能发现双方共同或可调和的利益要远远多于相互对立的利益。

有时，正是因为存在不同的利益，才可能达成协议。你与鞋店老板可能都对钱和鞋子感兴趣，但相比之下，鞋店老板对 500 元的价格的兴趣高于对鞋的兴趣，而你的情况则相反，500 元钱和鞋比较起来，你更喜欢鞋。买卖就这样做成了。

立场可能是具体明确的，而它背后的利益却可能不那么明显，不易捉摸，甚至互相矛盾。同时，我们还要认识到双方都有多重利益。在几乎所有的谈判中，每一方都有多种利益，而不只是一种。比如，你在租房的时候，也许你既想获得一份对自己有利的租约，又想不费力气地尽快达成协议，还想和房东保持良好的合作关系。当然，你追求的利益中既有你个人的利益，也有双方共同的利益。

在许多谈判中，我们习惯性地认为金钱是唯一的利益所在。即使是有关金钱的谈判，比如确定离婚协议中的赡养费，往往也涉及钱以外的更多方面。妻子要求每月 500 元赡养费的真正目的是什么呢？当然，她对自己的经济状况非常关心，但有没有其他原因呢？她也许是为了获得心理上的满足感，是想获得别人的认同，觉得自己受到了平等、公正的待遇；也许她并不需要那么多钱，只是为了报复……所以只有通过其他方式满足妻子的心理要求和获得自己认可的利益之后，她才有可能降低赡养费的标准。

对个人是这样，对集体、国家也是如此。只要一方认为自己的基本利益得不到满足，谈判就不会取得进展。比如，当年美国希望通过谈判以低廉的价格从墨西哥进口天然气。美国能源部长错误地认为这是一场关于钱的谈判，于是否决了美国某石油财团同墨西哥达成的关于提高价格的协议。由于当时没有其他可能的买主，所以美国能源部长认为对方会降低报价。但墨西哥人不仅希望天然气能卖个好价钱，他们更希望得到尊重和平等相待。美国的行为似乎是对墨西哥的又一次要挟，令墨西哥人非常生气。结果，墨西哥政府不但不卖天然气，还把天然气烧掉。从政治角度而言，任何降低价格的协议都是墨西哥不可能接受的。最后双方不欢而散。

由于双方坚持各自的立场讨价还价，本来可以双方合作解决的问题，却成了一场你死我活的斗争。每一方都试图用自己的意志力使双对方退却。

还有时会有好几方坐在谈判桌旁，而且每一方都包括普通谈判成员、高层管理人员、董事会成员，这些都是谈判中要打交道的对象。谈判涉及的人越多，立场式谈判带来的弊病也越多

我所要强调的是，有些谈判不要陷入立场上的争执，而是要从立场背后的利益人手，解决了利益上的分歧，也就免去了立场上的争执。

4. 公平合理建立在客观标准之上

在谈判中，不论你多么理解对方利益，不论你多么善于协调双方的利益，也不论你多么重视双方目前的关系，你总要面对一个残酷的现实，那就是双方利益的冲突。即便讨论实现“双赢”的策略也无法掩盖这一事实。你希望房租再便宜些，房东则希望能抬高一些；你希望明天到货，而供应商则更愿意下周送货，等等。这些分歧都是无法掩盖的。

通常为了解决这些分歧，在谈判过程中大家注重的往往是各方愿意接受什么，常常是拿自己的意愿与对方的意愿一比高下。这样的谈判既无效率可言，也不友善，其结果不是你让步就是他妥协。我认为，任何谈判如果不引入脱离个人意愿的客观标准，就无法达成符合标准的协议。

假设你已经签了一份定好价格的房屋建筑合同。你的房子要求有钢筋混凝土地基。问题在于合同中没有标明地基的深度，承包商建议是 0.6 米，而你认为这种房子的地基要 1.5 米才接近正常标准。

如果承包商说：“我答应了你提的房顶用钢梁的要求，该你同意我的

浅地基要求了。”这是任何一个思维正常的房主都不会答应的要求。与其精明地进行讨价还价，你不如坚持用客观的安全标准解决问题。“这么说吧，可能是我弄错了，也许0.6米就足够了。我只是希望地基的坚固性和深度能保证这栋楼的安全。政府对在这种土质上建房有具体的安全标准吗？附近其他房子的地基有多深？这里发生地震的危险性大不大？你说我们哪里能找到解决这个问题的标准？”

我们要知道，签一份好合同不比打一个牢固的地基容易。如果客观标准完全适用于房主与承包商之间的谈判，为什么就不适用于商品交易、业务谈判、法律纠纷甚至国际谈判呢？比如，为什么不坚持公平原则，而仅凭卖方漫天要价、信口开河？越是用公平原则或科学标准解决具体问题，就越有可能最终达成公平的协议。你和对方越重视先例以及社会惯例，就越有可能从以往的经验中获益，也就是说，一份有先例可循的协议是不易受到攻击的。如果一份租约使用的是标准条款，或一份销售合同符合本行业惯例，谈判双方就不至于感觉受到不公正的对待，日后也不会撕毁协议。所谓的客观标准是不应受到各方意愿干扰的。为保证协议的公平，客观标准最好既要做到不受任何一方意愿的干扰，又要做到合乎情理和切实可行。

一般人几乎都会按照客观标准行事，有两个基本的原因。第一，内心的道德意识告诉他们，要做正确的事。第二，他们担心自己违反理当遵守的标准时，会得罪对他们来说很重要的第三方。

标准有个优点，就是不能随意改动。如果对方说：“你是用标准来要求我吗？”你可以响应：“那当然！以考虑周到的标准为决策基础，有什么错吗？”

公司政策也是一种标准，通常表达出来就是：“这是我们的规定。”另一种效果同样强大的标准是：“公司曾破例过吗？”下次航空公司的票务人员告诉你，更换机票要加收100元时，就问他“公司的这项规定曾破过例吗？”如果有，就努力让自己也破例。

如果没有既定的标准可用，你还可以想办法定义对方在谈判时会接受的标准。

运用对方的标准很重要，我们随时都可以看到有些人或公司违反他们自订的标准，提出服务承诺却做不到。你向商店订货，对方却没照承诺出货。他们承诺提供卓越的服务，却对你态度恶劣。你因为相信他们的话而和他们往来，他们却说话不算话，还死不认错，很多人因此很生气。

运用对方自订的标准，是非常有效的谈判工具，但多数人都不知道。标准对狡猾的谈判对手来说也特别有效。你可以每天都用这个谈判技巧，有时它的使用频率比别的技巧都高。

实际谈判中，在确定了客观标准后，如何就这些标准与对方进行讨论？这里应注意三个基本要点：

第一，双方就每一个问题共同寻求客观标准。

第二，以理服人并乐于接受合理劝说，以确定最合适的标准及其运用方式。

第三，遵从原则，绝不屈服于压力。

5. 问自己，对方“为什么”会这样想

我们来读一读《纽约时报》上的一则故事：“他们在酒吧相识，他提出开车送她回家。他把她带到一片陌生的街区，说这是条近道。他把她送回家的速度可真快，她甚至都没错过晚上10点的新闻。”故事的结尾是不是出人意料？这是因为我们常按照自己的观点去推测故事的发展。人们太习惯于往坏处去理解别人说的话和做的事。人们往往不自觉地从固有的思维模式出发，做出怀疑的判断。

在谈判中也常常出现类似的情况。有许多谈判者在失败之后抱怨，我做得挺好，怎么就没拿下订单？这是因为你忽视了客户的基本定位，只是以自我为中心来思考问题。在对一件事物的判断上，对方与你的衡量标准是不一样的。人们往往只看他们想要看到的东西。在大量的详细信息中，他们挑拣出那些能验证自己最初认知的事实，把注意力放在这些事实上，却忽略或歪曲了不符合他们想法的信息。

英国的蒙哥马利将军在第二次世界大战中，每当战斗开始，他总是要把敌军统帅的照片放在自己的办公桌上。他说，他看着对手的照片就会经常问自己：如果我处在他的位置上，现在我会做什么？他认为，这对他做到知己知彼大有好处。

美国有一位中学校长，当某个学生违反了校规，他就把这个学生叫到校长办公室，让这个学生坐在他的椅子上，他自己则坐在来访者坐的椅子上，然后开始交谈。他介绍说，这能使学生处在学校负责人的位置上更好地考虑和认识自己所犯的错误。

你也要认识到，你对世界的认识取决于你所处的位置。所以在谈判的过程中，你所要做的是：理解对方的立场，而不是站在你的立场上去考虑问题。这是谈判者达成双赢不可或缺的条件。

当然，理解对方的立场并不意味着对其表示赞同。但是可以改变你对形势的看法，缩小冲突范围，帮助你实现新的自我利益。

我们仅仅认识到对方看问题的角度与我们有不同还是不够的。如果想影响对方，则还需要切身理解对方观点的分量所在，感受对方深信不疑的观念中所包含的情感力量。

每个人坐到谈判桌旁，心中都有一个愿景。我们所要做的就是要替他圆梦。换句话说，我们在谈判中必须让对方相信，和我们合作之后，未来一定会更好。想做到这一点，就要了解对方的需求，以对方的“伟大理想”为蓝图。

想成为一个成功的谈判者，“了解对方的需求”可以说是一切后续动作的基础，如果连这一点都无法做到，那么在谈判进程中将很难有良好的合作空间。

优秀的谈判者能够站在客户的立场上，用客户的眼光看问题。当今的客户寻求的是业务伙伴，而不是打高尔夫球的伙伴。“问题的根本在于，”我的一位朋友，美国政府谈判顾问威廉姆斯说，“优秀的谈判者总会考虑到客户的业务将向何处发展，自己怎样才能帮上客户的忙。”

因此，你必须让客户真正地感觉到你是在为他服务，而不是从他口袋里掏钱，这样就会降低客户对你的心理防范，并在潜意识中接受你。因为在商业洽谈中，客户最反感的是与既耽误时间又对其没有帮助的人员交往。所以，你的首要任务是先站在客户的立场上考虑问题，这样才会让客户充分信任你，更重要的是你要让他觉得没有人会比你更能帮他做出正确的决定。

无论是谈生意还是解决纠纷，意见分歧都来源于你和对方思考方式的不同。分析对方采取的每一个思考方式，问自己对方“为什么”会这样想。比如，为什么房东希望在一份5年期租约中要求房租每年调整一次？你得出的结论是房东可能担心房屋维护费用会不断上涨。再比如，两个人争吵常常是为某件东西——如两人都称这块手表是自己的；或是为某件事——如都认为是对方造成的交通事故。

在这些情况下，人们总以为他们需要更多地了解事物或事件本身。于是他们研究手表，测量事故现场的刹车痕迹，研究沙漠……可事实上，冲突不在于客观现实本身，而在于人们的思考方式。在处理分歧时，事实只不过是又一个论据，对消除分歧也许有用、也许无用。分歧的存在是因为它存在于人们的思维之中。

在谈判中，由于只顾及自己的利益，有的人很少注意那些通过照顾对方的利益实现自己利益的思维方式。我们所要学习的是——站在对方的角度换位思考，若没有吸引对方的选择，那就可能永无协议可言。也就是说，若要对方接受我方的条件，就得先接受对方的条件；希望对方为我方做什么，就得先为对方做什么。

谈判的最高境界就是让对方感觉到你是在想方设法、设身处地地为他着想。只要你在谈判的过程中更多地考虑对方的利益，真诚地与对方交流；只要彼此互相信任，那么不管在谈判过程中有多少纠纷和争执，我相信最终必定能够达成共识。

6. 不是我们“卖”，而是使之“买”

我一直持有一个观点——我们所进行的商业谈判的实质是：不是我们卖，而是使之买。

也许有人会产生疑问：“买和卖是相对的行为，对我们来说是卖，对客户来说则是买，上述的说法不是诡辩吗？”

的确，如果笼统地谈买卖双方，他们是相对的，但是我们谈判的目的是让客户买我们的东西。生意能否成功，全在于对方乐不乐意购买。

因此，如果强调我们“卖”，客户就是被动“买”，如果我们把谈判的重点放在“买”字上，那么客户在这场交易中就处于主动的地位。由于他们处于主动地位，那么，“买”就是他们自己的意愿。

只要听听我们周围的人们在购物后的言论，就会领会这一点。

“我昨天买了一部彩电”，“我打算买一个电磁炉……”

但他们不会说：

“昨天商店卖给我一部彩电”，“炉具厂准备卖给我一台电磁炉。”

在传统观念里，商业谈判就是想方设法把商品“卖”给客户，“以赢利为唯一目标”。在这一思想指导下，许多谈判者为获利自觉不自觉地损害客户利益，客户对供应商的忠诚度就会降低。这种以自身利益为唯一目标的做法，极有可能导致老客户不断流失，企业的利益自然也会因此受损。而我们所要做的是换位思考，认识到商业谈判是“买”不是“卖”。那么，我们主张向顾客“买”东西，买什么呢？买他们的满意、信赖和忠诚，买他们的“心”。

现在很多商家已经意识到，消费者越来越理智，竞争对手越来越精明，产品信息的海洋越来越浩瀚，而同类产品却“长”得越来越像，要实现“商品到货币惊险的一跳”越来越困难。停留在原地思考“到底是谁动了我的奶酪”的企业迟早会被淘汰。唯有适应变化，尽早改变原有的惯性思维和营销模式才是良策。

那我们又如何让客户“买”呢？什么才是我们的“货币”呢？

先是要研究客户的需要。我们必须弄清楚客户到底有什么愿望，继而站在他们的立场去思考、去发现问题，并在此基础上设计和生产出超出客户期望的产品——这就是我们的“货币”，也是实现向客户“买”忠诚的前提。要索取，首先要学会给予。没有给予，你就不可能索取。我们要给予消费者满足需求的产品，因为给予不会受到别人的拒绝，反而会得到别人的感激。另外我们还要注意到，客户的需求是多样的，有物质方面的也有精神方面的。这直接决定着我们可以满足客户的程度和让客户满足的程度。

同样的道理，谈判的目标也是双重的，既要售出产品，又必须满足客户的需要。卖和买是对立的统一，没有客户的购买，我们就无法把产品卖出去。谈判过程，首先是客户购买产品的过程，其次是我们售出产品的过程。我们要将产品推销出去，就必须了解客户的需要，刺激客户的需求欲望，促使客户自觉购买。所以，谈判就是帮助客户满足其需要。一切谈判策略的运用，旨在满足客户的需求欲望和解决客户的问题，同时达到企业获利的目的。

总之，谈判者必须协助客户得到想要的东西，然后自己才能赚钱。我们不仅仅要想如何赚客户的钱，还要想如何满足客户的要求，使客户乐意掏钱买我们的商品。

7. 让不同利益变成共同利益

从理论上说，共同受益的双赢的可能性在每次谈判中都是存在的。其形式可以是建立一种相互有利的关系，或者通过一种创造性解决方案满足各方的利益需求。

当然，共同利益显然有助于达成双方的共识，形成一个满足共同利益的方案对谈判双方都有利，然而，实际运作的时候就不那么容易了。一场价格谈判进行到最激烈时，共同利益就似乎不存在了。

作为一名谈判者，你应尽量找到让双方都满意的解决方案。我们再回到前文说的两个孩子争橙子的问题上来。因为两个孩子都想要橙子，所以把橙子平分。他们没有认识到，一个孩子只要吃橙子肉，而另一个孩子只要橙子皮烤蛋糕。和其他许多谈判一样，由于双方的需求不同，所以才可能达成令双方都满意的协议。想想确实让人吃惊，人们总是以为双方的差异会造成问题，却不知差异也能解决问题。

如果用一句话来总结不同利益的相容过程，那就是——寻找对你代价最小，对对方好处最大的方案，反之亦然。双方在利益、观念、预期以及对风险的态度等方面的差异可以相容。一个谈判者的座右铭可以是：“差异万岁！”

关于共同利益，有三点值得牢记：

第一，共同利益潜藏在每次谈判中，它们往往不是随时可见的。你应该问问自己：我们是否存在着共同利益？是否有机会进行合作以及共同获益？如果谈判破裂，我们要承担什么损失？我们双方是否存在可以遵循的共同原则，比如一个公平的价格？

第二，共同利益只是机遇，不是天上掉下来的馅饼。要让它发挥作用，你必须努力去争取。明确共同利益，并将其作为双方的共同目标，这将有助于谈判的开展。也就是说，要把共同利益具体化并面向未来。

第三，强调你们的共同利益可以使谈判变得愉快、顺利。比如在汪洋大海中，救生艇上的旅客给养有限，但他们为了实现上岸这一共同利益，就得在对食品的不同需求上做出让步。

8. 分割“馅饼”之前先把“馅饼”做大

有的人错误地以为谈判桌上的“馅饼”的大小是固定不变的——你得的少，我就得的多。把谈判看成是胜负之争，即争论的结果不是我赢就是你赢，常常把谈判视为一场“定量”的较量，以汽车价格为例，你多得1万元就意味着我损失1万元。而高明的谈判人员并不仅仅善于合理分配既定的“馅饼”，而且还会研究如何来做大这块“馅饼”。他们善于灵活地提出多种可供选择的其他方案，从而找到能够实现共赢的解决之道。

希尔顿在建筑拉斯维加斯希尔顿饭店时，因为筹措的资金不足，开工不久后居然面临停工的窘境。

为了解决资金的缺口，他只好去求助当地的地产商杜德。

听希尔顿讲完困境，杜德事不关己地回了他一句：“那也没办法，只能停工了。”

“可是，如果这样停工，你的损失……恐怕比我大。”

杜德吓了一跳：“你这是什么意思？”

“因为我的饭店停工，你公司附近地皮的价格一定会受影响，如果我再宣扬一下，说我不盖了是因为这里环境不好，想另选地点，你的地皮就更不值钱了。而且，根本不会有人怀疑拥有好几家高级饭店的我会没钱……”

杜德沉吟了一下：“那么，你来找我到底是为了什么？”

“我有个两全其美的方法，就是你出钱把饭店盖好，我再花钱向你买。”

看杜德一脸不解，希尔顿解释：“我的意思是，你盖好饭店再卖给我，我可以分期付款给你。重点是，只要饭店不停工，你附近那些地皮就有升值空间，你肯定不会吃亏。”

虽然希尔顿在强词夺理，但实情的确如此，为了未来的发展，杜德也只好答应希尔顿的条件，替他付钱建酒店了。

我想应该没有人会否认，坐上谈判桌的双方基本上都是为了“利益”两个字而来的。在一般情况下，谈判都是在“瓜分”利益，重点在于应该“怎么分”才能让双方都没有怨言。

在这个例子里，希尔顿除了把杜德拉下水，让他无法置身事外，更巧妙地避开了“钱”这个字眼（“谈钱伤感情”是很多人的共识），而是放眼土地的未来“价值”，更强调只要双方能放下成见好好合作，未来一定是相辅相成、各取所需的双赢局面。

想想看，他如果只是单纯地向杜德借贷，当焦点全部集中在“钱”上面时，精明的杜德怎么会情愿？

所以我们现在要来探讨的是，怎么样才能让对方觉得，我们并不想和他瓜分眼前的“馅饼”，而是希望通过合作，让“馅饼”变得更大。

答案是——“用价值取代价格”。简单地说，这两者的主要差别，在于价格是具体的，价值则是抽象的。大家都会要求价格精准，而价值则可以有充分的想象空间。

有时你所面对的是看似非 A 即 B 的利益选择。比如，在离婚协议中，房子归谁？孩子谁养？你的选择似乎很有限，要想把馅饼切分得让双方都满意似乎不太可能。而我认识一位很有名气的律师，他把自己的成就归功于善于灵活地提出多种选择方案，他把财产分割问题、孩子的抚养费和日后的教育费用谁来承担的问题都变成了谈判的条件，最后确定一个对自己的当事人和对方都有利的解决方案——他在分割“馅饼”之前把“馅饼”做大了。

如果我们努力在“馅饼”之外寻找还可以交换的东西，很多交涉难题都会有简单的解决方法。

微软的产品经理罗利·康威希望妻子皮雅过圣诞节时和他一起去印度，但是皮雅不肯去。她说：“如果我们能顺道在罗马过圣诞节，见见我朋友，我就去。”这条件并不难实现，所以他答应了妻子。

下面的例子就比较难了。亚历山大·罗山想买四个高级的玩具兵做收藏品，价格是 600 美元。他的妻子问：“你疯了吗？”所以亚历山大开始找其他有价值的事来做，以换取妻子的许可：“下次我负责去超市采买日用品，这样好不好？”“不行。”“那么，下个月我负责接送女儿呢？”亚历山大又问。还是不行。

最后亚历山大提议：第一，未来两周都由他负责上超市采购；第二，让妻子自选一趟旅行；第三，接送女儿参加课后活动一个月。这下他妻子答应了！

同样的，在商业谈判中，你也可以以一些无形的东西换得很大的收益。如此一来把“馅饼”做大的可能性就会变得更大。

著名的谈判家卡里·保罗有句名言："整个世界都可以充分用来作为达成协议的条件，并不受谈判主题的限制。"因此，在商业谈判中，我们要善于找出无形却有价值的东西，即金钱以外对对方很重要的东西。例如，在谈判中，各方对金钱的评价通常是大同小异的，某一方之所以能被认可，通常是因为他们提供了金钱以外的东西，让对方觉得从整体来说更有价值。那东西通常对一方来说只有一点价值，但是对另一方来说刚好可以满足他的一种特殊情感需求。

孩子们在交换玩具时，经常也在交换这种无形价值，比如，用我的娃娃换你的绒毛玩具、用我的篮球卡换你的游泳卡。虽然这些东西是有形的，但它们蕴含的无形成分是人对特定东西的特殊情感。而这种特殊情感通常是无法量化的。

以饼干为例，如果是普通的饼干，可以卖 3 元，但如果是燕麦饼干，让你想起祖母亲手做的饼干，还带有肉桂的香味，你可能会为这种饼干付出 5 元，对你来说，无形的价值是 2 元。

其实，人类的经济体制是从交换评价不同的东西开始的：你有太多肉，我有太多面包，我们互相交换。金钱永远无法取代特定的无形东西，那些无形的东西更存在着独特的价值。如果你在谈判时帮对方节省一小时、一周的时间，或是让对方不需要担心风险，那价值可能是多少？如果你开始用这种方式思考，你面前就会多出许多全新的选项。

以前在谈判时，对手曾对我说类似下面的话："我想要 10 万元！"我回应："为什么不是 20 万？ 30 万？"他们的反应是："什么？"我说："我们都还不知道交易可以谈到什么程度，你怎么知道我不会付你更多？我需要先知道交易的内容，当我了解你所有的利益和需求时，我就可以做出提案。"

更多的时候，对方并不知道该怎么做，你必须先帮他们了解那些无形的、有更大价值的东西，进而找到把"馅饼"做大的条件，你和对方协商起来也会更容易。也就是说，在谈判初期，你的目的不是寻找唯一正确的途径，而是要扩大谈判桌上的选择。不要只寻求唯一的方案，只有通过获得许多截然不同的想法才能开拓谈判的空间——那些可以成为你和对方继续谈判的基础想法，那些你们可以共同进行选择的想法。每个人对事物的评价各不相同。首先，你要找出彼此在乎和不在乎的东西，不分大小、有形无形、理性感性。接着，以一方重视的东西交换另一方不重视的东西，例如以加班换更多的假期、以看电视时间换做更多的作业，以低价换更多的忠诚顾客，等等。

你要知道，在谈判中，高明的谈判者能够对具体问题不失灵活，既要站稳立场，又要乐于接受各种新想法。

商务谈判过程中，往往存在着多种可以满足双方利益的方案。而谈判人员经常简单地采用某一种方案，而当这种方案不能为双方同时接受时，僵局就会形成。这时，谁能够创造性地提出可供选择的方案，谁就能掌握谈判中的主动。

9. 先做朋友，后谈生意

顾客为什么会买你的产品？是因为信赖你，所有竞争到最后都是人际关系的竞争。打个比方：有两家服装店，一家是你亲兄弟开的，另一家是一个不熟悉的外乡人开的，请问你信任谁？毫无疑问自然是相信自己的兄弟。

所以销售就是在交朋友，最高明的销售策略，就是把客户变成朋友。因为把客户变成朋友了，你就不需要用销售技巧了，向朋友卖东西是很自然的，向朋友买东西也是很正常的事情。如果你的销售口才很好，销售技巧很好，产品知识很好，最后还是无法成交，可能就是你不太擅长让对方建立起对你的信赖感的缘故。

人们很容易对一个陌生而抽象的“对方”产生敌意。假如你熟悉他，情况就不一样了。与同学、同事、朋友甚至朋友的朋友打交道，就完全有别于同陌生人交往。越快与对方熟悉，谈判就越轻松。有一条古老的商业格言说：“条件一样，人们想和朋友做生意；条件不一样，人们还是想和朋友做生意。”据估计，半数以上的销售是因友谊而做成的，半数以上的商业关系也因友谊而得以维系。

如果你认为拥有最好的产品、服务和价格，就可以把产品卖出去，那你就错了一大半。如果说一半的销售都源自友谊的关系，而你还没有把潜在客户（或现有的客户）变成朋友，那你就失去了至少一半的市场。

我说这话是有根据的。D&B 是美国最知名的信用评估公司，全美大半企业的财务资料都在该公司的资料库中，并由公司评分，供投标者和供货厂商参考。

他们分析过手头约 6000 万份资料，企图找出企业成功和失败的根本原因。结果发现，企业如果能在一开始就让客户放心，建立足够的信任度，谈判时遇到的阻碍就较少，并且较易取得长久的合作机会。

想一想你最好的客户。为什么他们是最好的？难道你不是和他们保持着极好的关系吗？如果你和你最好的客户是朋友，就可以避免在价钱和发货期上讨价还价。甚至偶尔服务得差一些，你仍旧能留住这些客户。

交朋友还有一大好处——竞争对手被排除出局。最强的竞争对手也无法抢走和你有交情的客户。

一位谈判高手说：“一流的谈判人员花 80%的时间去建立信赖感，最后只需要 20% . 的时间就能成交。二流的谈判人员花 20%，的时间建立信赖感，所以最后他用 80%的力气去成交，而且很难成交。”

一位保险代理人坦言，他之所以能长久保持极佳业绩，拥有好几百位客户，而且客户量还在以更快的速度增加，是因为客户很信任他，还常常为他介绍别的客户。

建立紧密的、牢固的、持久的客户关系是实现双赢的重要保证。而紧密、牢固、持久的客户关系，不仅仅在于产品或服务如何优质，技术表现如何到位，更在于与客户的交往、联系是否密切，让客户的感受是否亲切，与客户是否建立起了超越公司或商务层面以外的真诚的私人友情。如果你与客户间有了这样的情感纽带，这就是你真正的核心竞争优势所在。

所以，与客户的沟通不应是死板的公事公办，而应尽量人情味浓一些，先做朋友，后做生意。

建立这样的关系应在谈判开始之前。要多了解对方，发现他们的好恶，并通过非正式途径与他们接触。比如谈判开始前早到一会儿，利用这段时间相互聊一聊，谈判结束后再逗留片刻。本杰明·富兰克林最喜欢用的技巧便是向对方借本书，这会让对方感到荣幸和满足，认为富兰克林欠自己一份情。

与客户成为朋友，并不是一定要以金钱为手段。如果用“重礼”来维系客户关系，邀请关系密切的客户参加昂贵的娱乐活动，谈判人员通常会负担沉重的娱乐交际开销。这些客户也就逐渐习惯于享受最好的待遇，这就使你维持这些“友谊”的成本变得昂贵，而且这种友谊大多数是短暂的。如果客户换了工作、被解雇或退休了，谈判人员就不会再去联系他们，关系就会终结。

给客户送礼物，说起来还真是一门学问。但你要知道，人都是讲感情的。一纸贺卡、一句祝福也是一份贵重的礼物，比如询问客户的身体是否健康、碰到喜事或遭遇不幸时加以问候，都会让人感动。

很多情况下，当你去拜访一位客户的时候，顺便带一些小礼物给他，虽然价值不高，但对于和客户交往来说，却起到一种积极的促进作用。很多公司都会费尽心机地制作一些小赠品，供销售人员初次拜访客户时赠送给客户。小赠品的价值不高，却能发挥很大的效力，不管拿到赠品的客户喜欢与否，相信每个人受到别人尊重时，内心的好感必然会油然而生。

请你明白，人情味在心诚，不在礼重。真正成了朋友，谁还会在意礼轻礼重？

第二章　一切方法都是为了成交

一切方法、一切过程、一切目的都是为了成交。

1. 多一分主动，就多一分胜算

战争中最关键的问题就是主动权问题，哪方掌握了主动权，那么就胜利在望。要掌握战争主动权，就要对战争的各方面因素有较清楚的认识，通过谋略的正确运用，可以化不利为有利。我方能守则守，想攻则攻，从而使战争的向有利于我方的方向转化。打不打、什么时候打、在哪打、怎么打，都牢牢地掌握在我方手里。

同样，谈判成败的关键之一也在于谈判者能否在谈判中掌握主动，主导谈判的方向，左右谈判的进展。

主动权，简单说就是调动对方——善于调动对方，而不被对方调动（至少要增加被调动的难度）。掌握了主动权就能让对方按自己意图行事，达到符合我方期望的条件；还可以让对方专注于谈判内容本身；另外，对于交流信息、消除误会等方面都是非常有利的。

在谈判桌上掌握主动权，方法有很多。下面介绍6个技巧。

（1）谈判要有个主题

每次谈判都一定有目的。至于谈判的目的，可说是包罗万象，例如寻求合作、设定价格、购买产品等，甚至与小贩的讨价还价：“便宜一块钱嘛！”也算是一种谈判目的。不过，有趣的是，人在做事情的时候，常常会忘记做这件事情本来的目的。

举一个无关谈判的例子，也许更容易理解。

你和女朋友讨论下次休假要去哪里玩。

女朋友兴奋地说，想要去环球娱乐城，乘坐现在最受欢迎的娱乐设施“太空历险”。而你也回应道：“听起来不错呢，好像很有趣的样子。”之后，两人的话题就一直围绕着环球娱乐城打转。

后来，当女朋友提起：“那么，我们就上网购买环球娱乐城的票吧！”你却突然回答：“因为本周工作很多，觉得有点累，我想还是去植物园吧，亲近大自然比较好！”这时候，你想情况会是怎样？

本来，女朋友的脑海中尽是想着环球娱乐城的娱乐设施，经你这么一说，她的期待及兴奋之情一落千丈，仿佛被泼了一桶冷水。

本来，“谈判的具体目标”是和女朋友一起过个快乐假期。结果，到头来很可能是两人大吵一架，甚至取消约会。

所以，我们要记住，所有谈判都必须有个主题。

基本上，“谈判主题设定”有两种方法，第一种是：一开始，双方要开诚布公地说出自己的立场和想法，随后再从中寻求共识。

以刚才的案例来说明，女朋友想去环球娱乐城，而你想去植物园，开始两人就得明确地向对方说明自己的意向，然后再开始协调。

第二种则是：由我方掌握议题的主导权。

例如，先提出自己的主张：“这次休假，我想要好好放松，享受一下大自然，你有没有想去的地方啊？”这样就掌握了主题的主导权。

在谈判中，若是以我方的提案作为前提来进行谈判，整体的方向就不会偏差太远。相反地，如果对方先提出意见，说要去环球娱乐城，并以此作为谈判主轴，那么话题会离我方的主张越来越远。因此，即使无法在一开始就马上表明有其他意见，也要尽早地向对方表示：我方有不同的看法。

军事上有句话说：“战略错误，战术很难扭转；战术错误，战斗则很难取胜。”这个道理用在谈判上也一样：“目标错误，就难以制订策略；策略错误，就难以签约成交。”

在实际谈判中，无论你的职务是属于哪个层级，只要问一些有关于谈判目的的问题，就能迅速掌控局面。

（2）充当主持人

通常，谈判是没有主持人的。但是，无论是一对一，还是多方谈判，谁掌握了主导权，谁往往就可以引导谈判的方向。当讨论朝不利于自己的方向发展时，可以予以修正。

如果是参与一场出席者众多的谈判会议，若情况允许，不妨自己跳出来担任主持人的角色，这可是一个掌控谈判局面的大好机会。

谈判高手甚至连座位安排都考虑得很周详。一位资深谈判专家每次开始谈判时总是选择一个最靠近白板的位置坐下。

“好，我们先来确认一下今天的商议事项吧。”他一说完，随即站起身来，在白板上逐一写下要讨论的事项。

如此一来，这位先生就成了这次谈判的主持人，也就是引导者。换句话说，他以一种不着痕迹的方式，向大家宣告：“我已经掌握了谈判的主动权。”

（3）自己来记谈判纪要

泰森食品公司是一家大型鸡肉、牛肉和猪肉供货商，有一次我在亚特兰大和他们的执行总裁巴迪·雷及财务部长韦恩·布里特协商。我代表的是一位克罗埃西亚的客户，他们向泰森公司购买鸡肉，往俄罗斯销售，欠下了750万美元的货款。我的目的是协商还款条件，让客户能继续运营下去。

我比对方年轻许多，打字更快，所以我主动表示我愿意做会议记录。泰森公司的执行总裁有点高傲地对我说：“你本来就应该做会议记录。”

于是，我按我想要的方式，记录了会议的过程，完全依我的想法列出重点，打出了一份我想要的会议记录，也打出我想要的下次开会的议程，然后寄给巴迪·雷。

下次开会时，巴迪·雷走了进来，笨拙地带着一部笔记本电脑，并刻意对我大声说："我来写会议记录！"

他一点也不傻。

所以，在条件允许的情况下，最好由你自己来做谈判纪要。这样从内容到结论，从过程到结果你都牢牢地掌握了主动权。

（4）引导者的高度

据养狗专家说，主人要是经常抱着小型犬到外面逛逛，狗会变得非常不听话。相对于大型犬，小型犬的脾气多半比较倔强、高傲。这是因为主人常将它抱在怀里，让它习惯于高高在上，狗便会以为自己很伟大。也就是说，动物多半具备"以视线的高低来评价地位"的本能。人类也是如此。

在教室里，学生之所以会听从老师的话，是因为学生坐着，而老师站着。事实上，讲台的设置并不只是为了让老师有一个好视野，以便看清楚每位学生的状况，另一部分原因是为了借此增加老师的权威。

如果在进行讨论的时候，老师和学生平起平坐，就容易打破师生之间的隔阂。比如，对小学生进行户外教学时，老师和小学生们围成一圈坐在草皮上，就能营造出和谐的气氛。

但是，正式的谈判可不是增进感情的联谊活动。

如果要让对手说"YES"，就必须要像教室里的老师一样，确保"引导者的高度"。

上面那位专家通过白板的使用，也就展现了这样的优势。当他站起身来，在白板上列出商议事项的瞬间，便取得了居高临下的"引导者的高度"。

另外，站着的人有较大的空间可供使用，能够自由地运用肢体语言。这就比对手更具有优势。

所以，在有条件站起来说话时，就一定要站起来，这样才能居高临下，有一种权威感。

（5）适时冷场

冷场是改变谈判轨道的一个重要技巧。

冷场可以设在谈判的前半段或中段。

在谈判的一开始就冷场。这是为了引导对方先开口说话。这是因为有的人忍受不了冷场，一看出现冷场就会讲话，不再想保持沉默。

在谈判的进行中也可采用冷场的技巧，目的是为了转移方向。如果你跟对方谈的是汽车的价格问题，价格没谈完他就转到餐厅问题去了，怎么把它拉回来？使用冷场就是一种很中性的方法，你可以跟他说："刚才我们谈到汽车价格。"然后冷场，一秒、两秒、三秒……前面的话题就回来了。

（6）要抓领头羊

在谈判桌上，我们有时会遇到夫妇客户。怎样利用夫妇之间的心理关系来对他们进行说服？

对于夫妇客户，谈判时要小心应付，特别是对太太不要冷落，否则你会吃大亏的，特别是那些看起来特别厉害的、丈夫又特别胆小的太太，千万要对她热情一些。这些夫妇客户的决定权也许正掌握在她们的手里，即使不使丈夫在你面前失面子，也会提一些令人头痛的相反意见。

在和夫妇一起洽谈时，亦可利用二者的意见不同做文章。例如："先生，你的太太很喜欢这栋别墅，就请你为你的太太买下吧！这样一来，就可以增进你们之间的感情，怎么样？现在开始签合同吧？"

这时，这位丈夫总不好意思拒绝你，拒绝你就等于拒绝了他的太太，这样会影响他们夫妻间的感情。他这时只有看太太的神色了，如果太太不开口，他就会无可奈何地买下了。

只要你好好研究一下，你就可以灵活地运用这些夫妇客户间的微妙心理，来有效应对。

如果你的谈判桌上有很多人，你要观察在这些人中，谁是签约的决策者，尤其要注意谁是影响价格的关键人物。

假如你在与某一个单位谈判，要想迅速在一大群人中找出他们的领导者，那么你就要观察一些人在说话时的眼神。通常，有许多人在说话前会看着某一个人，此人便是他们的领导者。

如果这种方法仍然不能使你看清领导者，你可以向这一群人当中的某一人询问一些重要的问题；如果此人是领导者，他会准确地回答你的问题；但若不是时，他就会转向领导者请示。

当你与一群人谈判时，先说服具有支配权的那个人，是非常有效的方法——如此一来，其他人也会跟着点头同意。建议你在确定谁是这群人的领导者之前，你应该明白他是唯一一个你需要说服的人。

2.“扮演”一个不情愿的卖主

想象一下，你有艘游艇，你迫切地想卖掉它。当初你买来的时候它给你带来很多乐趣，但现在你几乎用不着它了，保养和磨损的费用让你承受不起。这是一个星期天的清晨，你失去了同朋友一起打高尔夫球的机会，因为你得到港口洗游艇。你甚至后悔自己当初为什么买它。你也许会想：“我要把这个讨厌的东西送给下一个来到的人。”你一抬头看见一个衣冠楚楚的银发男子挽着一个年轻姑娘向码头走来。男子一身高档服装。他年轻的女友更是穿金戴银。

他们在你的游艇边停下来，男人说：“哦，咱们买下来吧，我们一定会很开心的。”

你觉得自己狂喜得心要跳出来，你心里在不停地说：“谢谢，谢谢！”

但你真要表达出这种情绪，你就卖不上一个好价钱了，不是吗？你怎么才能得到个好价钱呢？那就是——装成不情愿的卖主。你一边擦船一边说：“欢迎上船，尽管我还没想卖掉它。”你可带着他们兜风，你每时每刻都在告诉他们你多爱这条船，它给你带来多少乐趣。最后你告诉他们：

“我能看出这船对你们来说有多合适，给你们平添多少乐趣，但我真的忍受不了同它分开。最高价你给我多少？”

谈判高手会扮演不情愿的卖主，甚至在谈判开始之前就成功地激起了对方买船的愿望。你也许在想：“他可能愿意出30万元，25万元可能比较公平，20万元就是笔不错的买卖了。”所以，你的价格预期是20万元到30万元之间。如果你表现出急着卖掉的样子，他可能只给你20万元。

有这样一个谈判高手，他是个相当有实力的投资商，全城各区都有他的房产。他很善于扮演一个不情愿的卖主，他相当成功——你有充分的理由称他是个高手。和很多投资者一样，他的技巧很简单：以合适的价格买合适的东西，握在手里让它升值，然后以更高的价格卖掉。有很多小的投资者主动找上门来要买其中一部分房产，而且显得很迫切，此时他静静地看着报价单，看完后丢到桌子上面，说：“我想你知道，在我所有的房产中，我对这一个情有独钟。我正考虑留住它给我女儿当大学毕业礼物。我还真舍不得出手。你知道，这个房产对我来说太重要了。但你诚心诚意找上门来，就别浪费时间了，你给的最高价格是多少？”他运用这种假装不情愿的技巧片刻间就多赚了几十万元。

人的天性似乎总是想要得到难以得到的东西。在这里，谈判者只需稍加利用这种天性即可。

3. 一个简单的事实胜过10倍的道理

举例说明问题，可以使你的观点深入浅出，更容易被对方接受。人们在研究中发现，用简单的事实来证实一个道理，要比用10倍的道理来讲述一个事实更有效。

试比较以下两种说法，看哪种效果好。

第一种说法：“使用这种机器，可以大大提高生产效率、减轻劳动强度。它受到用户的广泛好评，我们的订货量与日俱增。”

第二种说法：“钢铁厂使用了这种机器，生产效率比过去提高了

40%，工人们都认为它操作方便，效率高。现在，该厂又追加了10台的订货。”

第一种说法中，谈判者的讲解是由一连串简单的肯定句子所组成，缺乏事实根据，难以让人信服。而第二种说法中，谈判者引用了一个又一个实例和数据，让人不可不信。

“数据”是我们谈判中十分重要的一环。我们甚至可以说，如果没有这些数据，谈判几乎是无法进行的。因为无论是商业谈判、推销说服、向上级汇报……对方想了解你，或是你想了解对方，最初都得靠这些统计报表和数据报告来进行评估。

现代心理学证明，人们基于以下三点而对统计数据表现出较高的信服度：

（1）系统的统计数据在人们心中会形成“不容更改”的错觉与权威性

（2）人们倾向于相信统计数据是分析、归纳后的结晶，比语言更可信

（3）统计数据是“凭证”的象征，比语言更具有契约的约束力

谈判时如果想让对方认同你、信任你，系统的图表和数字，将是十分有效的帮手。

举例来说，甲公司和乙公司进行合作谈判前，一定要先知道乙公司的资金流通、产品制造的优劣比率、有多少客户知道乙公司的产品、有多少客户使用了产品之后达到了合格的满意度。

当然，我们所得到的或我们自己公布的数据报告，应该都是客观、真实而且公开的资讯，那么，这些资讯怎样才会在谈判中替我们说话呢？

美国苹果公司创始人史蒂夫·保罗·乔布斯曾经说，他在进行谈判时，从来不看对方提供的图表，但一定会呈上最华丽的图表供对方欣赏。他必须让自己不受对方图表诱惑。同时他也知道让对方通过观看图表方产生好感，那么接下来的一切就好办了。

乔布斯不仅懂得统计图表的威力，他还是运用数字的高手，例如他会说：

“我们已经在 2 天里卖出了 4 万台 iPhone，也就是平均每天卖掉 2 万台。”

他不会说：“iPod 的硬盘容量只有 5G。”而会说：“你可以把一千首歌放进你的口袋。”

虽然只是换个说法来表达，但这些数字却可以让数据变得更生动、更贴近消费者，并得到更多赞叹与认同。

有时候，你会在电视广告、报纸广告或者商场的促销牌上看见这样的话：“现在购买，你将节省 100%。”

节省 100%，那不是白给吗？你立刻被吸引过去，仔细一问才发现，敢情不是白给，是半价，打 5 折。

那怎么叫节省 100%呢？原因在于，它比较的对象不同。节省下的钱跟原价格比起来是打 5 折，可节省下的钱跟新价格比起来呢？就不是打 5 折了。

原价 100 元，现在卖 50 元，节省了 50 元，跟新价格比起来就是节省 100%了。

有人说，这不是骗人吗？不是，这还真不算骗人，这是统计学上使用的招数。

“数字”对人类来说仿佛具有魔力，只要你能提出某些数据，就能让人完全接受，而且很少有人会要求验证。

当你告诉谈判对象：“根据过去的经验，采用 A 合作模式短期内支出比 B 合作模式多 5%，但平均效益则比采用 B 合作模式高 36%……”对方所接收到的信息，将被设定成“A 合作模式较优”，接下来他们的焦点将专注在 A 合作模式上。

当我们在谈判中突出表现有利于我们的数字，就更能吸引对方的注意力。

4. 让第三方来当“证人”

像大多数人一样，当你觉得自己的产品很好时，一定想把这一点告诉全世界。但即使你能证明自己的产品在某方面是顶级的，仍会面临一种尴尬——别人会说你是自卖自夸。这样一来，大家会开始讨厌你，更不会接纳你的建议。怎么办？最好是让第三方来替你宣传，而不是你本人来自夸。

通过第三方来肯定你的产品，对大众很具有说服力。第三方最好是一个公众人物，如演员、作家或其他知名人物。当然，如果找不到这样的人，还可以花钱请一个。

一般来说，客户更容易相信其他客户的话，因为大家都是“同路人”，都渴望买到自己称心如意的商品，因此彼此之间更容易沟通，也更容易产生情感呼应。

因此，可以在谈判过程中有效地利用第三方所说的话，就能打动你的客户的心，令其尽快地信任你的商品。有时，第三方的一句话抵得上你介绍大半天。

据说，辩护律师最重要的任务就是传唤证人到庭，让证人来说服法官。一般来说，法官对律师的话有点信不过。所以，找到可靠的证人，会增强辩护证词的可信度，对判决产生巨大影响。

其实，借助证人也能促进商业谈判。只要你注意研究，就会有许多让第三方来当“证人”的方法。

第一个方法——让其他客户替你现身说法。

让其他客户来讲给你的谈判对手听，在对手听完之后，对你的信赖感就会大幅度提升。

有一位推销保险的业务员把投保人签了名的保险单都复印一份，放在保险说明材料夹里。他相信，那些材料对新客户一定有很强的说服力。

在与客户的洽谈快结束时，他会补充说：“先生，我很希望您能买这份保险。也许我的话有失偏颇，您可以与一位和我的业务完全无关的人谈一谈。”

然后，他会接通一位“证人”的电话，让客户与“证人”交谈。“证人”是他从复印材料里挑出来的，可能是客户的朋友或邻居，也可能相隔很远，需要打长途电话。

这位保险业务员这样说：“初次尝试，我生怕客户会拒绝，但从有没发生过。相反，他们非常乐于同‘证人’交谈。”

“这种方法，我完全是在偶然中发现的，但效果很好。介绍保险推销的方法有很多，但我认为‘证人’更加有效。”

“‘证人’愿意配合吗？只要你足够诚实，他们是乐意帮助的。每做成一笔生意，我都会向‘证人’表示感谢，他们就会更高兴。助人是快乐之本啊。”

第二个方法——照片。

比如让客户看到很多减肥成功者瘦身后的样子跟减肥前的样子的对比，照片比你讲话要管用多了。

第三个方法——自己的从业资历。

你在这个行业里面待 10 年了，在这个行业里面已经是足够资深了，这也会使客户增加对你的信赖感。

第四个方法——获得的荣誉。

你曾经得到过什么荣誉，你曾经被某协会、某政府或某大企业表彰过，你获得的这些荣誉，也可以增加客户对你的信任感。

第五个方法——你在财务上的成就。

比如谈谈你们公司年营业额多少，你们公司的年利润多少，或者你个人的财富达到多少了，这些也可以增加客户对你的信任感。因为客户会用你的财富来衡量你这个人的能力。

第六个方法——你所去过的城市或国家的数日和经历。

比如谈谈 3 年来你到过 100 个不同国家的城市，你去过多少个国家谈判、访问，去会见哪些行业中的权威人士，这也可以增加客户对你的信任感。

第七个方法——你所服务过的客户总数。

比如可以说你所服务过的客户已经超过1万人次。你的客户总数可以让对方相信你是有能力来帮助他的。

5. 多一个角度，多一次机会

“横看成岭侧成峰，远近高低各不同。”苏东坡先生的一首《题西林壁》不仅让人对庐山心生向往，更引发了后人无限的思索。它告诉我们，换一个角度看问题，也许就是另一番天地。

在谈判中，如果我们换个角度去思考，让你头痛的问题也许就不成问题了。通往对方心里的路不会只有一条。

我来举一个例子：巴拿马运河最初并不是由美国开凿的，在19世纪末，法国一家公司跟巴拿马签订了合同——在巴拿马境内开一条连接大西洋与太平洋的运河。主持该工程的总工程师就是因主持开凿苏伊士运河而闻名世界的法国人雷赛布，他自以为对此驾轻就熟，然而巴拿马的环境与苏伊士运河周边有很大的差异，工程进度十分缓慢，资金也开始短缺，公司陷入了困境。

而美国早在1880年就想开凿一条连接两大洋的运河，由于法国公司抢先一步与巴拿马签订了条约，美国极其懊悔。在这种情形下，法国公司的代理人布里略访问了美国，以1亿美元的价码向美国政府兜售巴拿马运河公司。

事实上，美国政府早已对此垂涎三尺，知道法国人拟出售运河的开凿权后更是欣喜若狂。然而，美国政府却避开了对方正常的心理期待。当时的总统罗斯福指使美国海峡运河委员会提出一个报告，证明在尼加拉瓜开运河更省钱——在那里开凿运河费用不到2亿美元，在巴拿马开凿运河的费用虽然只有1亿美元，但加上另外要支付收购法国公司的费用后，全部支出达2.5亿美元。从支出总费用上来看，当然是在尼加拉瓜开凿运河更划算。

布里略看到美国海峡运河委员会提供的这一报告后大吃一惊。如果美国在尼加拉瓜开凿运河，法国公司岂不是一分钱也收不回来了吗？于是他马上游说美国政府，表明法国公司愿意降价出售，只要4000万美元就行了。通过这种迂回的策略，美国少花了6000万美元。

罗斯福还使得国会通过一个法案，规定美国如果不能在近期与尼加拉瓜政府达成协议，就选择在巴拿马开凿运河，反之，美国就选择在尼加拉瓜开凿运河。

这样一来，巴拿马政府也坐不住了，驻华盛顿大使马上找美国国务卿协商，签订了一项条约，同意以100万美元的低价长期租给美国运河两岸各宽3公里的“运河区”。

罗斯福成功地运用了“多一个思考角度，就多一次成功机会”的谈判技巧，让对方的思维脱离原来的轨道。等到对方的心理逐渐适应自己的思维逻辑后，也就会按照自己的意愿去行事。最终美国轻而易举地就取得了巴拿马运河的开凿权和使用权。

再举一个例子：广东某玻璃厂厂长率团与美国欧文斯公司就引进先进的浮法玻璃生产线一事进行谈判。双方在部分引进还是全部引进的问题上陷入了僵局。我方提出的部分引进的方案，美方无法接受。

“全世界都知道，欧文斯公司的技术是第一流的，设备是第一流的，产品也是第一流的。”这时我方首席代表转换了话题角度，先说三个“第一流”，诚恳而实在地称赞了对方，使对方由于谈判陷入僵局而产生的沮丧情绪得以缓解。

“如果欧文斯公司能够帮助我们玻璃厂成为全中国第一流的玻璃厂，那么，全厂职工会感谢你们。”

这里，刚离开的话题，似乎又转了回来。但由于他前面说的话已解除了对方心理上的抵触，所以，对方听这些话似乎也顺耳得多了。

“美国方面当然知道，现在意大利、荷兰等几个国家的代表团，正在我国北方的玻璃厂进行生产线引进方面的谈判。如果我们这个谈判因一点点小事而归于失败，那么，不利的不仅是我们玻璃厂，但更重要的是欧文斯公司也将蒙受巨大的损失。这损失不仅是生意上的，更重要的是声誉上的。”

这里，我方代表没有直接提到谈判中最敏感的问题，也没有指责对方缺乏诚意，只是用“一点点小事”这种说法轻描淡写地一带而过；目的当然是淡化对方对分歧的过度关注。

同时，他还指出万一谈判破裂将给美方造成巨大损失。这一点，对方无论如何是不能接受的。

“目前，我们的确因资金有困难，不能引进全部生产线，这点务必请美国同行们理解和原谅，并且希望在我们困难的时候，你们能伸出友谊之手，为我们将来的合作奠定一个良好的基础。”

这段话中，我方已经把对方当成朋友，不是在与对方做什么买卖，而是朋友之间的互相帮助，既通情，又达理。

最终，僵局打破了，协议按我方的意愿签订了。

所要注意的是，采用这种换个角度迂回的方法，在谈判中要有理有据。而换个角度所提及的理由，应该是对方没有考虑过的，或至少是考虑得不周全的。这样，说出来的话才有“信息量”，才会引起对方的注意，并加以思考。

比如，你关心的是运输问题，而对方的兴趣可能在价格问题上，这时你可以力求把双方的议题引到其他方面上去，例如有关付款条件的问题，以此来分散对方对前述两个问题的注意力，以实现最终要达到的目标。换个角度进行讨论可以转移对方的视线。作为缓兵之计，我们可以利用这点时间另找其他对策。

我们观察的角度可以决定我们视野的范围。然而在谈判中，有的谈判人员经常把自身看到的内容视为全部内容，不免以偏概全。你要知道，每个问题都是一面多棱镜，同样的一个问题换个角度去观察和思考，会有不同的收获。换一个角度看问题，你就是赢家！

6. 巧用关键时刻的“催化剂”

在成交的关键时刻，若对方还是举棋不定，一般来说，有三种促使对方下定决心的“催化剂”。

（1）把大决定变成小决定

通常决定做一宗大的生意，客户要考虑很多方面的细节问题，有时会难以做出整体的、全盘的“大”决定。谈判人员可以将这个“大”决定，拆成多个分散性的“小”决定，让客户逐个拿定主意。比如，在你刚开始介绍商品的时候，就让客户做出一些小的决定。

小的决定往往能引发大的决定。如果你能让你的客户同意某些细节问题，你就可以弄清他们的想法，等你准备让他们做出大的决定的时候，他们可能不会感到有压力。

比如，汽车推销商问买主：

“如果你买车，希望车中坐垫是真皮的还是仿皮的？”

“你喜欢白色的还是红色的？”

售楼员问买主：

“如果你买这套房子，哪间卧室给你的孩子当婴儿房？”

“你怎么摆放起居室的家具？”

让买主做出一个重大的决定，他会有一种恐惧心理。我们知道，客户买房子的投资可能是人生中最大的一笔投资。我们已经为他们找到了新房子，但这一重大决定有时会使他们畏缩不前。这时有经验的售楼员就会说：“那我们为什么不先定下来，等资金允许的时候再说？”这样你就把一个大的决定变成了一个小的决定。

人寿保险代理人员一般都知道买主不会轻易接受他的建议。于是他如此说：“坦率地讲，我不知道是否允许你这样年龄的人买保险。要看你体检的情况了，为什么不先签个合同，其他的等你体检完了再说？”听起来买主好像没有做出什么重大的决定，然而代理人知道如果他的客户在体检中没有什么问题，就会尽快签署协议。

（2）指定推荐法

当谈判陷入胶着状态，双方的思维力、判断力都会越来越差。这时候，若是有人在后面推一把，就比较容易做出决定。

当对方面对一堆选项难以抉择的时候，不妨由我方从A案、B案、C案当中，针对一案进行推荐，并说明推荐的理由。

告诉对方："如果让我选择的话，我一定会选择B案。价格和其他各方面的条件都合适，所以我郑重向你推荐B案。"

当然，有时候对方会接受推荐，真的选择了B案。但有时候，对方反而会对B案产生疑虑，觉得选择A案或C案比较好。但无论如何这样做都会促使对方下定决心。

对于那种面对好几个选项，不知该如何是好的人，以及迟迟无法下定决心的人而言，"指定推荐法"是相当有效的。

（3）消去选择法

所谓"消去选择法"，是一种通过解释说明，帮助对方逐一排除掉他觉得不妥的方案，最终筛选出一个方案的方法。

对于坚持由自己做决定，却又举棋不定的人而言，"消去选择法"具有"在这几个方案中，请你自己选择一个吧！"的提示效果。

比如，"A案是属于高风险、高回报的提案，一旦赚钱就可获得很高的利润，但是万一市场情况不好，损失也会变得相当大。至于C案，算是相对稳定、保守的提案，但我想你也知道，根据其他同业的数据可以看出，选择c案成功的成功率并不高。"最后客户只有选择B案了。

（4）激将法

激将法是谈判者通过一定的语言手段刺激对方，激发对方的某种情感，由此引起对方的情绪波动和心态变化，并使这种情绪波动和心态变化朝着己方所预期的方向发展。

有的客户对商品的各方面都还基本满意，而且资金方面也支付得起，但他总担心日后会出什么问题，因而举棋不定，迟迟不敢下定决心。激将法对这种客户尤其有效。你可以这么说：“先生，世界上就是有这样的情况——一个人对自己越是感兴趣、越是喜欢的东西，越是不敢勇敢地去追求并争取拥有它。我想这是一种很可悲的情况。我想，先生您一定不是这种人吧。如果您觉得这种商品还行的话，就行动起来吧。”经过这样一激，我想客户不会再沉默了吧。

使用激将法的效果如何，全在于心理刺激的“度”把握得如何。有的“稍许加热”即可，有的则要“火上浇油”；有的只要“点到即止”，有的却要“穷追猛打”；有的可以“藏而不露”，有的则要“痛快淋漓”。

当然，激将法具体实施，以及能否取得最佳推销效果，这就要看具体情况了。“运用之妙，存乎一心。”不管运用什么方法，都不能将客户真的激怒了。

我们可以激发客户的好胜心，但绝不能伤害客户的好胜心。

我们经常听到卖东西的人用挖苦、贬损的语言“激”顾客，其实这不过是一种原始的激将法，它与现代商品销售心理学中的激将法有天壤之别，也是不可相提并论的。

“激”的目的是让客户摆脱犹豫，但绝不是设下陷阱，让客户遭殃。

所以，激将法在生意场上要有的放矢，只有在万不得已的情况下，才亮出这一招。精明的谈判者是不会轻易动用这种“非常规武器”的，即便动用它，也会考虑到它的后果。

7. 把意向及时变成合同的技巧

合同是买卖双方在双方信任的基础上达成的协议。

有些谈判人员在进行谈判时往往操之过急，迫不及待地拿出合同让客户签署，结果事与愿违，往往以客户的拖延或直接拒绝而告失败。而在谈判高手看来，合同不再是给谈判人员带来麻烦的东西，而是促使客户下决心购买产品的工具。

让我们看看那些有经验的谈判人员是怎样巧妙地利用合同的，他们拿出合同的举动是伴随着说服过程同时进行的。这样做一方面可以提高时间的利用率，缩短谈判时间，更重要的是可以弱化客户的防卫心理，促进交易的达成。

这些谈判人员往往边交谈边填写合同的一些内容，如交易的时间、地点、负责人，等等，把这些内容填完递给客户签名或盖章时，客户可能会惊异，因为客户还没有最终确定是否购买。不过这份填写了具体内容的合同会成为成交的催化剂，起到了进一步说服的作用，又不至于引起客户的反感。因为在一般人的心目中，书面的材料往往比较正式，会使客户缩短犹豫不决的时间，下定决心购买产品。

有一位售楼员举过这样一个例子。

我和客户的商谈已经到了成交的最后阶段，于是，我换了一种语气和客户说话，仿佛对方已经是那套房子的主人似的。

“它已经是你的了，你一定很满意，那么现在让我为你介绍一下这套房子的另外一些好处——税务部门以后会退还你缴纳的税金！所以，我得赶快把你的报税号码抄下来，填在这里，你很快就会收到退税了。请你在这里签名！

“最慢4个月内就会收到钱。是不是很棒？请告诉我你的银行账号，我把资料填上去！这是房屋出租的专用申请表。如果你希望把房屋租赁出去，那么租房者就会知道他的房租该汇给谁，你一定希望每个月都有租金收入吧？这样行了吗？请在这里签下你的大名！”

就这样，售楼员顺水推舟地让客户签上了大名。

"我坚持的座右铭是：不要争辩，只管让对方相信！订单就自然而然地来了，最后签名盖章，就好像是理所当然一样。"这位售楼小姐最后这样说。

正如谈判大师埃里希·诺贝特·德托依所言："获得签约其实是目标明确、令人信服的谈判技巧产生的结果。客户本来就是被一步步引向签约这一步的，所以最后签下名字的这一步，当然应该走得和其他步伐没什么两样！"

巧妙应用合同是商业谈判的一种技巧，但运用不当，亦会产生负面效果。谈判人员在填写合同时，有以下两点需要注意。

第一，要光明正大地填写合同的内容，不要偷偷地背着客户填写，这样容易使客户产生不信赖感和逆反心理。而且，在填写合同时最好同时读出来，让客户准确无误地听到，不要读错或填错，不清楚时可向客户询问，这同时也体现了谈判人员对客户的尊重。

第二，让客户签字盖章时，最好把订单放在客户的左侧。据心理学家分析，把订单放在客户的右手边上会使他产生压迫感，客户会产生不情愿的心理。

只要处理得当，合同也会成为你成功签约的工具。

8. 成败之间的差距是——2 毫米

1979 年 12 月，气象学家洛伦兹在美国科学促进会的演讲中曾提到，美国得克萨斯州的一场龙卷风有可能是一只蝴蝶在巴西丛林中扇动翅膀引起的。其原因在于，蝴蝶扇动翅膀，会引起周围空气系统发生变化，并引发了气流，虽然相当微弱，但却会引起一连串的连锁反应，最终导致其他空气系统产生了极大变化。

从此以后，人们使用"蝴蝶效应"来指细小因素和看似完全不相关的巨大的变化之间存在着紧密联系的现象。

北欧航空公司的总裁詹·卡森是个传奇人物，他说过："成败之间的差距是——2毫米。”换句话说，一个事物所起作用的大小，并不是取决于该事物自身的大小。一个看似不起眼的东西，一句无意的话语，一个不经意的举动，都有可能起着至关重要的作用。在市场竞争日益激烈的今天，任何一个细微的环节都可能成为“乱大谋”的决定性因素。正所谓“牵一发而动全身”，在没有成交之前，无论你与客户商谈到哪一步，都不要高兴得太早。也许你们已经约好下一次谈判的时间，但当你打电话过去的时候，他却更换了的电话号码。

有时你同客户谈得投机，彼此都有合作的意愿。经过双方的交涉与协商，达成了共识，下一步就要签订合同了，这时应该特别注意。因为马上就要成功了，往往会产生麻痹大意的心理，稍微一疏忽，无意中漏掉了某些重要内容，其结果必然会发生纠纷与争执。因此，越是有把握的时候就越是关键的时候，一定要步步谨慎，处处在意，才能保证万无一失。

由于合同具有法律效力，所以多半会用一些比较严谨的字句。在国际商务谈判的场合里，通常是以英文签订合同，而英文中也有关于合同的专门用语。

合同是一种书面约定，记载着双方共同决定的事项。如果仅是罗列一些自己也不甚理解的词句，将来可能会引发纠纷。出现争议之际，拿出合同来参考、对照，才发现原来双方对于一些条文各有不同的解释。

所以，在拟订合同时，必须要设想：“无论是谁阅读这份合同，都能有相同的理解。”也就是说，在草拟合同的时候，要避免用艰涩难解的语言，尽量让内容浅显易懂。

在填写合同时，还有一些注意事项是应该特别重视的，用英文字母来表示，可以概括为“6W2H”。

When——即日期：交货日期，付款日期，合同期限，等等。

Who——即立约人、提货人、使用人、购入部门、承办人、付款人、公证人的名字。

Where——置货处以及总公司、工厂、分店等处的负责人的通信地址和电话一定也要搞清楚。

Why——使用或购买的目的、理由等。

What——商品的名称是什么？商品的型号和号码是什么？

Which——商品的数量、重量、厚、长、高、宽、深、面积、体积等。

How——商品的形式（样式）、包装、色彩怎样？付款条件怎么样7

How Much——成交金额的数目，包括货款、运费、各种杂费等。

还要特别注意阿拉伯数字与英文的写法，如1和7，D和P，零和0等，都要写清楚。

最后，不要忘了签名、盖章。

需要强调的一点是，如果担心对方有不遵守合同条款的可能性，你可以把要求遵守合同条款写入合同。例如你是一名律师，在离婚官司中代表妻子一方。你的委托人认为她的丈夫即使答应给孩子抚养费，也不会照付的。每个月耗费精力和时间去索要抚养费是很麻烦的。你该怎么办呢？你可以把问题讲明，比如你对丈夫一方的律师说："我的委托人担心，孩子的抚养费未必能落实。不知是否可以给她房子的产权？"对方的律师会说："我的委托人是完全值得信赖的，我们可以写个保证，他会按时支付抚养费。"此时，你可以问："这不是信任的问题，你能保证你的委托人会付钱吗？"

"当然。"

"百分之百肯定吗？"

"是的，我百分之百肯定。"

"那你不会介意我们签订一份带附加条件的协议吧。你的委托人将同意按时支付孩子的抚养费。如果你的委托人少付了两次抚养费，我的委托人将得到房子的产权。从此你的委托人将不再负担孩子的抚养费。"对方律师只得将这些条款写到协议里。

要注意，把违约责任写进合同或协议是十分必要的。

在交易完成后，还应保持对客户的热情，不应有半点冷淡，否则，会让客户觉得你只是为了谈生意赚钱，这会给客户留下不好的印象。

此外，还必须对客户信用，对自己讲过的话和许过的诺言都必须负责，尽量把自己的售后工作做得让客户满意，为下一次的交易奠定良好的基础。

9. “七分软中藏着三分硬”

你知道在谈判中使用最多的技巧是什么吗？

是威胁。

无论是平日上市场买东西，还是买车子、买房子，我相信多数人都曾对卖方说过：“再便宜一点啦！不然我就去别处买……”之类的威胁话语。

有的时候带些威胁口吻是正常也是必要的，因为我们必须让对方知道——“我不是在开玩笑的，我有权利拒绝你的要求”。

的确，在当今的市场上消费者往往是强势的一方，可是当你说出这句话时，真的能得到更合理的价格吗？我想答案是否定的。我们也许可以多拿到一些赠品，但我们并没有得到心目中的理想价格。

这是因为当你说出这些威胁话语的时候，心里并没有“被对方拒绝就转头走人”的打算，对于有经验的销售人员来说，你说出这句话一点都没有用，而且等于是告诉他们：“我没有其他的路可走了。”请注意，一旦你不是真的设下了最后底线，事态就会演变成你投降认输，放弃自己强势地位的局面。

同样，在商业谈判时，即使你处在优势地位，如果没把握能对说出口的话完全负责，那么逞一时口舌之快的后果，就是被对方抓住把柄。我们必须先了解自己真正拥有哪些优势，才不至于虚张声势过了头。

威胁可以分为善意的与恶意的，在一般情况下，我们会告诉对方“如果你不做什么……就别怪我……”这当然是恶意的威胁，因为对方知道，如果自己不照着我们的话做，就会失去某些东西。

而善意的威胁是这样的——“如果你做了什么……就可以得到……”

根据我的经验，虽然这两种方式的最终目的都一样，但后者往往让自己得利更多，在人际关系方面也能更进一步。

威胁别人似乎不难——比提出建议容易多了。你只需要说几句话，也不必付诸行动就可以奏效，但是，有的时候威胁会引发反威胁，并且不断升级，致使谈判破裂，甚至破坏双方的关系。心理学家认为，人类在遭遇明显而强烈的威胁时，第一个反应就是"反抗"，就算是谈判专家也难以避免这种心理反应。如果你告诉对方"如果你不答应我的条件，以后就别想合作了……"对方纵使嘴上唯唯诺诺答应着，心里肯定正想着以后要怎么摆脱你的控制。

我们所要注意的是——我们所使用的每一个谈判策略，最终目的都是为了让谈判结果能够双赢，如果对方最后的决定是退出谈判，那么不管我们在谈判中表现得多完美，这场没有结果的博弈都是失败的。所以在使用"威胁"这种谈判技巧时，必须是当己方的"地位"高于对方的时候，当我们地位不如对方时，并不适合使用这种技巧。

其理由有二。第一，使用这种谈判技巧前，我们必须处于较高的地位，才有资格和立场去挑剔、要求对方；第二，只有在对方无论如何都"必须"承受我们的贬低时，才能确保谈判能继续下去。

其实，谈判的时候，威胁对方是非常不礼貌的，也完全没有必要那么做。你可以对对方用一些同样有效并更容易接受的施压方法。下面就介绍几种巧妙施压的方法。

（1）先硬后软法

如果我们一开始就给对方"下马威"，那么在谈判过程中，对方提出要求时就会比较含蓄。接下来如果我们主动放低姿态、发出善意信号，那么松一口气的对方，对我们所提出的条件标准就会大幅降低。尤其当对方是没有太多经验的谈判者时，使用这种策略通常能逐步化解对方的反抗心理。

让我们来看一个实际例子，有一家大企业面临经营窘境，如果不对1000多名员工降薪，就无法维持运营，但一提出降薪，恐怕许多有能力的员工会选择辞职。

老板最后决定发布全体员工降薪20%的消息。此消息一出，员工个个惊慌失措，毕竟20%可不是个小数目！但就在员工们慌乱时，各级主管已经分别约谈下属员工，告诉他们虽然公司降薪20%，但对于表现优良的员工，老板决定只降薪8%，希望员工们能努力工作……

从原本降薪20%到只降8%的“心理差距”，果然马上让这些员工安心工作了。

在这场谈判中，员工唯一的筹码是以辞职抗议，老板想要避免这种麻烦，就必须把“辞职”这种选择排除在员工的想法之外。于是他选用了“硬藏软”的办法：先给对方重重一击，再充满诚意地提出“补偿”方案，经过这些波折后，员工面对公司的处理方案，已经从“降薪”与“离职”两个内心选项，变成“降薪多一点”和“降薪少一点”，有“失而复得”的欢喜，也能更平静地接受老板所提出的条件。

除了公司内部常对员工使用这种技巧外，当我们将这种技巧运用在商业谈判中时，也能让对方措手不及，无法防备。

有一个业界公认的最难对付的谈判者，他常常在谈判中引经据典、百般挑剔地贬损对方公司，不管是过去的合作方案，还是他们和其他公司的合作方案，在他眼中仿佛都充满缺点。而他最常说的一句话是：“你们过去的绩效这么糟，我真搞不懂为什么我还得在这里和你们谈判！”

这种正面激烈的进攻往往能够有效地模糊谈判者的注意力，使其气势被完全压倒，他们会觉得自己的确负有责任，即使那些糟糕的绩效或缺点和他们根本没有直接关系。而我们都知道，一旦对方气势被削弱，在接下来的过程中，他们就很难不接受这位谈判高手所发出的善意信号。

（2）隐性威胁法

很多人误以为威胁必定是口出恶言，让对方感到害怕。其实威胁也可以“包装”，如果你学会了，就能让对方欢天喜地地接受你的“威胁”。

我认识一个售楼员（必须说明她长得并不漂亮），她一个月可以卖掉十几套房子，而且都是高于底价。

她的做法是先带客户去看不符合他们需求的房子，然后在看房过程中用惋惜的口吻告诉客户："其实我手上原本有一套你们应该会喜欢的房子，可惜我们老板也想买，就先保留了……"

听到这里，几乎所有的客户都会要求去看这套"连房地产公司老板也想要的房子"。在客户的强烈要求下，她只能"勉为其难"地带客户去看房子，果然看完房子后，有六七成的客户都对这间房子大有好感（这是当然的，因为这是在了解了客户要求后精选出来的），并要求售楼员说服老板把房子让出来……运用这种方法，她不但能快速成交，还能卖出好价钱。

其实她所运用的，就是谈判中的"隐性威胁法"。这种威胁法往往能让对方内心产生压力，却又不至于产生反感。

（3）让人发笑的威胁法

美国有家银行在催收呆账方面效果甚微，不管他们怎么和欠账者协商，就是无法从他们口袋里拿到钱。

后来他们想出一个办法：不再打电话或约面谈，而是用信件夹带 4 幅漫画寄给欠账者。

欠账 30 天的客户收到的漫画，画的是一只要求付账的狗；欠账 60 天的客户收到的漫画，画的是一只面对账单，神情沮丧的狗。欠账 90 天的客户收到的漫画，画的是被一大堆账单压扁的债主；欠费 120 天的客户收到的漫画，画的是泪流满面的债主，背上插了一把刀子，跪在血泊里，旁白则是："请付清欠款，我信任你。"

最后这幅漫画的催账效果特别好。

威胁的目的，当然是希望对方照着我们的要求做，而谈判中如果加人让人发笑的因素，则可以更进一步让对方觉得"照这样做也不赖"。

10. 要有让一切归零的勇气

什么是谈判中最强有力的谋略？那就是——灵活进退，该离开时就离开。

要让对方知道，没有什么生意需要你不惜一切代价去做。如果你不能得到你想得到的东西，你就随时准备离开。

有了“放下”的勇气，就会觉得忽然轻松许多，你如果展现出不惜决裂的气魄，对方就必须有所回应，以许多谈判高手的经验而言，此时多半会得到正面的结果。

这种经验，在心理学上有两条法则可资印证。

第一条是“越得不到就越想要”法则。

当一件东西就在眼前，几乎唾手可得，但转眼间却离你远去、消失得无影无踪时，人往往会失去理性，更加想要得到这件东西。

第二条是“被拿走就会舍不得”法则。

本来，对方希望你再降点价，但突然之间，你却将交易意向一笔勾销，“煮熟的鸭子飞了”。此时，对方心理落差就会很大，反而会急着妥协，达成最后的协议。

不过，“威胁离开”是最后一道通往成交的门。请记住，“威胁离开”的目的是得到你想得到的东西，离开并不是目的。运用上述技巧并非每次都能尽如人意，因此你要有无法达成协议的心理准备。

“威胁离开”是为了让买主知道，如果你得不到你想得到的东西，你就终止合作。但在实际谈判中，往往是你已经过了那一个施压点——你不再想离开了。当到这个点时，你在想，我要做成这笔生意，我要得到最好的价格、最好的条款，我要坚持到底。当你一旦过了那个想说“我不谈了”的施压点，在谈判中你就输掉了。

20世纪末期，美国某家电子公司研制出一种新型集成电路，其先进性尚不能被公众认知，而当时，公司已负债累累，即将破产，这种集成电路能否被赏识可以说是公司最后的希望。幸运的是，欧洲一家公司慧眼识珠，派三名代表飞了几千公里来洽谈专利转让事宜。诚意看起来不小，但一张口起价却只有研制费的三分之二。电子公司的代表站起来说：“先生们，今天先到这儿吧！”从开始到结束，这次洽谈只持续了3分钟。岂料下午欧洲人就要求重开谈判，态度明显“合作”了不少，于是专利以一个较高的价格实现了转让。

美国公司的代表为什么敢“腰斩”谈判呢？因为他知道，施压有两个要点：一是压力要强到让对方知道你的决心不可动摇；二是压力不要超出对方的承受能力。他估计欧洲人飞了几千公里来谈判，不会只因为这3分钟就打道回府。这3分钟的会谈，看似打破常规，但在此时此地，却让对方丢掉了幻想。

还有，在你威胁离说要开之前，要确保你已经激起了对方强烈的愿望。如果对方不是很想要你的产品或服务的话，而你又威胁说离开，那你就会陷入进退两难的境地了。

你应该把商业洽谈看成可以分四步走的过程：

（1）期待

寻找想和你做生意的人。

（2）评价

跟你做买卖他们能否承受得起？

（3）刺激欲望

让他们最想要你的产品和服务。

（4）成交，做决定

离开应该处在第四个阶段，在你已经刺激起对方的愿望并且准备做决定的时候才能使用这种技巧。

离开谈判桌不一定是因为不想达成交易，但有时候这是达成交易的唯一方法。交易很少会因为你离开谈判桌而变糟。所以，在谈判时，别忘了随时准备离开谈判桌，而且要说到做到。当你再度回到谈判桌上时，你的优势自然会得以体现。

11.80%的让步是在最后20%的时间内做出的

时间也是一个施压点。在时间的压力下，人们会变得更为灵活。在时间的压力下，人们会做出他们本不愿意做出的妥协。

有一个关于谈判时间的实验。研究人员设置了一个虚拟的谈判场景，将参与者分为索赔者与拒赔者，这两队人马必须在一个小时内，协调出双方都接受的和解条件。而且在整个过程中，每10分钟都会响一次铃并报时。

结果是，所有的和解条件中，大部分都是在最后5分钟内敲定的。

谈判中的规律是：80%的让步都是在谈判最后20%的时间内完成的。许多要求如果在谈判初期提出来，双方可能都不愿意做出让步，谈判也许就终止了。相反，如果额外的要求和问题在谈判最后20%的时间提出来，双方都可能愿意做出让步。

多数人都患有“时间压力症”，最明显的就是采购东西时，大家只要看到“最后一天”、“仅限10分钟”，就会失去理性疯狂抢购。

这一点在谈判中也一样，只不过是以不同的状态表现而已。谈判者也许看起来总是很冷静，但只要到了期限临界点，再冷静的谈判高手也会开始冒汗，并开始放宽一些条件，就像那些疯狂采购的人们已经顾不上钱包里有多少钱一样。

想一想你上次买房产的情况。从你们签订最初的意向书到你成为房产的主人大约用了10天。想一想双方做出的让步。是不是在最后两天谈判就要结束的时候，双方都更加灵活？

所以在谈判中你必须让对方相信你“真的没有时间了，迫于时间压力只好对你退让”。

想做到这一点并不难，你可以频频看表（当然不必太明显，这样才有真实感），也可以在谈判时无意中泄露口风（例如不经意地告诉对方，“主管要我下午回报结果”），当对方先入为主地认为我们有时间压力，就会比较愿意相信我们所做的是最后的退让。

上面所说的是你如何利用时间向对方施压，而你在谈判的时候永远不要向对方透露你的最后期限。让我举个例子，你做宾馆设施生意，飞到兰州同一个宾馆老板谈判。你返程的飞机是6点钟起飞，你可以急着赶这班飞机——但不要让买主知道。如果他认为你6点钟要赶飞机，你一定要让他知道9点还有其他的返程飞机，或者你可以一直等到双方找到满意的解决办法以后再返回。因为如果他知道你有时间压力，他就可能把谈判拖延到最后一分钟。在这种时间压力下，你就有做出让步的危险了。

有些买主会等到谈判的最后一刻，再把本来早应该提出来并能轻而易举解决的问题提出来。当你准备谈判收尾的时候，买主会把这些问题摆到桌面上，因为他知道在时间的压力下你会更有弹性。

这就提醒你应该事先想好一切细节，不要留任何隐患。

要注意，一个在开始看来并不重要的问题在时间的压力下可能会成为一个大的问题。

在谈判之初，你问买主："要不要带条形码的包装？"买主挥挥手表示没有必要，说："这不是个大问题，我们以后再谈。"当时可能不是一个大问题，发货迫在眉睫的时候就是个大问题了。

当对方对你说"这不是个大问题"时，你的警钟就应该敲响了，警示灯就应该闪烁了——不要让买主这样对待你。

当双方都接近同样的时间底线的时候，就产生了一个有趣的问题。比如你是一个卖餐馆设施的商家，在一座楼里办公，写字楼的地下室就是你的仓库，同时还附带着一个展览室。问题是再过一个月你的租期就到了，你必须得跟房主谈续约。你心里可能想："我得用时间给房主施加压力，等到最后一分钟再跟他谈判，这样他就处在很大的时间压力之下了。他就会知道如果我搬走，他的房产就得空置好几个月才能找到新的租户。"这似乎是个了不起的策略，直到你发现房主也同样在用时间压迫你。

所以现在的情况是你们双方都正在接近同样的底线。哪一方应该用时间压力迫使对方让步，哪一方应该避免？答案是：强势的一方可以使用时问压力，弱势的一方不但应该避免，而且应该力争尽早谈好。

那么，谁是强势方并适合选择使用时间压力呢？

这要做出判断。你可以拿出一张纸，在中间画一条线，在左边列出如果你不能续约的话：租其他什么地方合适？会更贵还是更便宜？电话移机以及重印信笺需要多少钱？如果你搬家了，客户还能不能找到你？

在右边列出房主的选择：这处房产的特点是什么？他找一个新租户的困难程度如何？他们会支付更多还是更少的租金？为了吸引新住户他需要花费多少改造和装修的费用？

现在你还要做另外一件事。无论你坐在谈判桌的哪一边，你都应该认为自己处于弱势，你必须想办法弥补。毕竟，你清楚自己身上的压力，而不知道房主身上的压力。当你以这种方法列出双方的选择以后，你的结论或许是房主比你有更多的选择。所以，你就应该避免用时间施压，而应该留下充足的时间跟房主谈谈续约事宜。

然而，如果你明显比房主有更多的选择，那你就可以用时间施压，拖到最后一刻。

时间压力可能是真实的或想象的，也可能来自内部或外部，但唯一不变的，就是时间压力对谈判有害无益。如果觉得截止期限已经对你造成压力，就要加以调整，试着安排更多时间以便在没有压力的状态下进行谈判；或是事先就明确告诉对方，自己不想受到时间方面的压力，无论是买汽车或房子，都可以在一开始就表明，如果对方想确定一个截止期限，你就不会考虑购买。

一旦发现时间不足以好好讨论所有的议题，就别指望全部讨论完。若能把其中几项做好，也比全部做完但都不理想来得好。有多少时间，就做多少事。

12. 陷入困境时不妨休息一下

以前有个日本动画片，叫《聪明的一休》。这个聪明的小和尚，每当与人斗智中陷入困境时，总是要说："休息一下！"

在谈判中，我们也要学习这种技巧，设法暂时中止交涉。

谈判过程中的"休息一下"常常是给自己一些空间和时间。例如出现下列情况时就该"休息一下"了。

第一，对方的提案非你所长，这时就得叫停了。思考得充分才不会仓促应战。你一旦被逼上绝境，被迫当场要有所回应时，只好无奈地应允对方一些条件。尤其要提防对方是否会运用言语的技巧，让你无法招架，进而开口说"YES"，这可是常用的谈判技巧。

在谈判过程中，请不要介意让对方等待。如果有十足的把握，当场即刻回答对方的提问也无妨；但若是心中有些不安，千万不要马上回应。

第二，整个形势往不利于我方的方向前进，也可以运用"休息一下"的技巧。当心情稍微放松下来时，谈判双方都有可能产生妥协的念头。

第三，当双方的意见无法统一，争辩越来越激烈、气氛越来越僵的时候，与其勉强用一些话题来缓和，还不如提议"大家不妨先暂停，休息一下吧"更有效果。

比如，当对手逼你立即做出选择时，你若是说出"让我想一想"，"暂时很难决定"之类的话，便会被对方认为缺乏主见，在心理上就处于劣势了。此时你可以看看表，然后礼貌地告诉对方："真对不起，9 点钟了，我得出去一下，与一个约好的朋友通电话，请稍等 5 分钟。"于是，你便很得体地赢得了几分钟的思考时间。

谈判者可能会在每一次让步后提出更多的要求，并且重新提起你认为已经解决了的问题。"休息一下"的好处还在于能减少总体上的让步。

意识到这一点后，你应提请对方注意，然后不妨稍事休息一下，考虑是否继续进行谈判或者以何种原则继续双方的谈判。当你重新回到谈判桌时，任何重视达成协议的人都会变得严肃起来。

如果气氛实在太僵，连"大家先暂停，休息一下吧"都说不出口时，不妨说声"抱歉"，跑去上个卫生间。无论如何，都要想方法缓和一下紧张的态势。

有些时候，我们要说服的对象十分固执，任我们如何劝说也无济于事。这时，我们就应该动动身体，站起来，在屋子里走几圈，或是去趟卫生间。要知道，情感是源于动作的，这是经过证明的事实。如果能让对方动一动、走一，就完全有可能改变其心理状态。

即使仅仅休息 10 分钟，也很有效果，请你务必试试看。

叫停后重新回到谈判桌上，理论上是谁在之前叫停，谁就先讲话，也就是叫停的人取得下一轮的发言权。由谁来叫停呢？正常情况是主谈的人叫停，或者是由一个随行者暗示主谈者，由主谈者宣布暂停。

另外还有一条"场所一变，心情也就跟着变"的法则。

如果"休息一下"的技巧没有奏效，还有一个办法就是改变谈判的地点。如果在会议室一直谈不出什么名堂，那就到外面边喝咖啡边聊也可以。或者干脆走出门外，吹吹风、呼吸一下新鲜空气也好。

一般来说，谈判双方为了建立良好的关系，白天的谈判议题多半会带到晚餐中，边用餐边继续谈。

无论怎样，在谈判中"休息一下"只有好处而没有坏处。

13. 把谈判拖延到最后一分钟

到底是一小时之内便速战速决，还是耗上一天一夜？

谈判的具体情况不同，采取的谈判策略也就不尽相同。在国际商务谈判的场合，或是出差到外地谈判，在当地停留的时间十分有限，要是花费太多无谓的时间，就等于浪费金钱。所以，如何分配时间，是做好谈判工作的一大重点。

"争分夺秒"有它的优点，"拖延时间"也有它的用处。两个"法宝"兼备，是谈判人员应有的谈判艺术。

在谈判过程中如果意见有分歧，一时难以统一，就不要急于达成协议。这时要尽量忍耐。

忍耐可以避免谈判中的直接冲突，不至于因意见分歧争论不休而伤了感情。

商务谈判中的拖延战术，形式多样，目的也不尽相同。由于它具有以静制动、少留破绽的特点，因此成为谈判中常用的一种战术。拖延战术按目的分类，大致可分为以下四种：

（1）清除障碍

这是较常见的一种手段。当双方“谈不拢”形成僵局时，有必要把洽谈节奏放慢，看看到底在什么地方受阻，以便想办法解决。

暂停一段时间，给对方留出一些适应时间，以便对方对你的意见能慎重考虑。如果你急于达成协议，对方掌握了这种心理，可能会提出苛刻的条件；反之，你不急于达成协议，摆出无所谓的样子，对方反而有可能降低条件。

柯南·道尔是《福尔摩斯探案集》的作者。他生性固执，在写完第四卷后，执意不肯再写，他让笔下的福尔摩斯与罪犯莫里亚蒂教授同坠深谷，“一了百了”了。

该作品的出版商梅斯是个精明人，知道柯南·道尔只是厌倦了这种通俗文学的写作，对于这个给自己带来过巨大声誉和利益的主人公福尔摩斯，柯南·道尔还是情有独钟的。于是梅斯一面牢牢抓住版权代理权不放，同时拼命做柯南·道尔的工作，不时向他透露福尔摩斯迷们的种种惋惜和不满之情；同时又许以每个故事1000英镑的优厚稿酬。梅斯双管齐下，一年以后果然有了成果——柯南·道尔又重新执笔，让福尔摩斯从深谷里爬了出来，再次演绎出了一段段精彩的探案故事。

试想，如果当时梅斯不是给作者一段缓冲时间，而是心急火燎地不断催逼，恐怕侦探文学史上将会失去一批优秀作品。

有时，谈判中的障碍是“隐性”的，往往隐蔽在种种冠冕堂皇的借口之下，不易被人一下子看破，这就更需要我们先拖一拖、缓一缓，从容处理这种局面。

美国ITT公司著名谈判专家柯尔比曾讲过这样一个发生在自己身上的

例子：柯尔比与S公司的谈判已接近尾声。然而此时对方的态度却突然强硬起来，对已谈好的条件横加挑剔，提出种种不合理的要求。柯尔比感到非常困惑，因为对方并非那种蛮不讲理的人，而且协议对双方都是有利的，在这种情况下，S公司为什么还要阻挠签约呢？柯尔比理智地建议谈判延期。之后从各方面收集信息，终于知道了问题所在——对方认为ITT公司占的便宜比己方多多了！价格虽能接受，但心理上不平衡的感觉却很难接受，导致了签约的搁浅。重开谈判，柯尔比又与双方进行了一番比价算价，直至双方利润大致相同，才顺利签约。

在实际洽谈中，这种隐性阻碍还有很多，对付它们，拖延战术是颇为有效的。不过，必须指出的是，这种“拖”绝不能消极被动，而是要通过“拖”来的时间收集情报、分析问题、打开局面。消极等待，结果只能是失败。

（2）消磨意志

人的意志就好似一块钢板，在一定的重压下，最初可能还会保持原状，但一段时间以后，就会慢慢弯曲。拖延战术就是对谈判者意志施压的一种最常用的办法。突然中止不做没有答复（或是含糊不清的答复）往往比破口大骂，暴跳如雷更令人无法忍受。

此外，“拖延战术”作为一种基本手段，在具体实施中是可以有许多变化的，一些日本公司就常采取这种办法：以一个职权较低的谈判者为先锋，在细节问题上和对方反复纠缠，或许会对对方让一两次步，但每一次让步都要让对方付出巨大精力。到最后双方把协议草拟出了大体框架，但总有一两个关键点谈不拢，这个过程往往要拖到对方精疲力竭为止。这时日本公司的权威人物再出场说：“再拖下去太不值得，我们再让一点，就这么成交吧！”此时对方身心均已透支，条件只要在可接受范围内，往往就会一口答应。

（3）等待时机

有些谈判高手会通过拖延时间的方式，静观法规、行情、汇率等情况的变化，要挟对方做出让步。一般来说，有两种做法：

第一，拖延谈判时间，稳住对方。例如，1986 年，南方一个商人与东北某省外贸公司洽谈毛皮生意，条件虽优惠却久拖不决。转眼过去了两个多月，原来一直兴旺的毛皮市场货满为患，价格暴跌，这时商人再以很低的价格收购，使卖方吃了大亏。

第二，在谈判议程中留下漏洞，拖延交货（款）时间。1920 年武昌某纱厂建厂时，向英国安利洋行订购粗纱 2 万锭，价值 20 万英镑。当时 20 万英镑仅值白银 50 万两，英商见银贵而英镑贱，就借故拖延不交货。到 1921 年底，世界金融市场行情骤变，英镑与白银兑换比例暴涨至 1 ∶ 7。这时英商就趁机催纱厂结汇收货，50 万两白银的货款，一下子涨到了 140 万两，使这个厂蒙受巨大损失。

（4）不离开客户

当所有的方法都失败了，还有一招——一小时之内不离开买主。

谈判专家道森有一句名言：“无论怎样，我在一个小时之内绝不离开客户！”如果一切手段都失败了，我希望你运用道森这种技巧——你看了看手上的表，有意识地举起左手，把右手放在心口：“我发誓，一小时之内我决不离开买主。”即使这一小时你不再提你的产品或服务，也要这样做。

再要一杯咖啡——花掉 5 分钟。假装咖啡太烫了，没法喝，再等 10 分钟。也许咖啡壶空了，很好，让他们再续一壶。现在你已经熬过半个小时。无论干什么都可以，就是要坚持一个小时，不要离开。

谈判高手知道，和对方相处得越久，对方的决定就越有弹性。他们现在说“不”，并不意味着半个小时之后还说“不”，一个小时之后还说“不”。

所以，如果所有的方法都失败了，请试试道森的做法——不离开客户。

第三章　用语言打动对方的心

能啃下难啃的骨头的器官，可能不是牙齿，而是舌头。

1. 最佳结果是谈出来的

谈判是双方主要通过语言来达成共识的过程。在这个过程中，观点的表达、意见的交换、看法的磋商都离不开“谈”。语言成败在很大程度上取决于谈判语言表达技巧。

一个会说话的人，总可以流利地表达出自己的意图，也能够把道理说得很清楚，使别人很乐意接受。有时候还可以从对方的回答中感受到对方言语的意图，增加自己对对方的了解，进而跟对方建立良好的友谊。而一个连自己的意思都无法表述清楚的人往往会使对方觉得难以交流，更无法使人信服。

有人戏称谈判是一场顽强的性格之战。因为我们要接触的谈判对手可能千差万别，无论经验如何丰富，都很难做到万无一失。即使双方有着共同的价值观与人生经历，交流起来也会有麻烦。一起生活了 30 年的夫妻，每天还难免会产生误解。因此，相互不了解的人之间出现交流不畅，甚至互相敌视和怀疑是不足为奇的。你应该预料到，无论你说什么，对方总会有与你不同的理解。

在谈判中，语言的交流存在着三大障碍。第一，有些谈判者不是努力与对方携手合作以达成共识，而是企图击倒对方；第二，有些谈判者不是去说服对方采取更具有建设性的方案，而是力图说服对方完全服从自己的观点；第三，有些谈判者是花大量时间谴责对方的动机和意图。

即使你直截了当地与对方交谈，对方也不一定愿听。这是交流中的第二大问题。你是否注意到，你所说的内容没有引起对方足够的重视。同样，你也复述不了对方说过的话。在谈判中，你可能一直忙着思考自己下面该说什么，怎样回应对方刚才提到的问题，或者构思下一步的方案，于是忘了注意听对方正在说什么。如果你不注意听对方所说的话，双方就没有交流可言了。

正如俗话所说“买卖不成话不到”，如果没有达成交易，是因为话没“说透”，作为一名谈判者，你的主要工具是嘴巴，必须好好利用它，并把它当成一件助你成功的利器。你说出来的话对谈判结果可以有创造性，也可以有摧毁性。你需要好好使用它，让它产生正面的效用而非伤害性的效用。

2. 运用谈判语言的基本原则

谈判语言和一般性语言的表达有着明显的区别。谈判是双方意见、观点的交流，谈判者既要清晰明了地表达自己的观点，又要认真倾听对方的观点，然后找出突破口说服对方，协调双方的目标，争取双方达成双赢。

要想掌握、运用好谈判语言，首先应该了解运用谈判语言的基本原则。

（1）针对性强

在谈判中，双方各自的语言都是用来表达自己的愿望和要求的，因此谈判语言的针对性要强，要做到有的放矢。模糊和啰唆的语言，会使对方疑惑、反感，降低己方威信，成为谈判的障碍。

针对不同谈判内容、谈判场合、谈判对手，要有针对性地使用语言，才能保证谈判的成功。例如：对脾气急躁、性格直爽的谈判对手，运用简短明快的语言可能更受欢迎；对慢条斯理的对手，采用春风化雨般的倾心长谈方式可能效果更好。在谈判中，要充分考虑谈判对手的性格、情绪、习惯、文化以及需求状况的差异，恰当地使用有针对性的语言。

（2）抓住关键点

无论我们是谈判人员，是营销人员，还是管理人员，要让对方在最短时间内明白自己的意图，被自己说服，都必须找出问题的关键点。这也叫作“抓住一点，不及其余”。

美国前总统林肯（他曾经当过律师）曾说：“在一场官司的辩论过程中，如果第七点议题是关键所在，我宁愿让对方在前六点占上风，而我在最后的第七点获胜。这正是我经常打赢官司的主要原因。”

有一次，在审判的最后一天，对方律师花了整整两个小时来总结此案，林肯本来可以针对他所提出的很多论点加以驳斥的，但他并没有那样去做，而是把攻击力集中到了关键论点上，总共花了不到一分钟的时间，最后林肯赢得了这场官司。

商业谈判的关键也是要搞清客户所关注的因素都有哪些。

第一，对方最基本的需求在哪里？

第二，对方最感兴趣的一点是什么？

第三，对方最薄弱的一个环节是什么？

（3）灵活应变

谈判过程中双方你问我答，你一言我一语，口耳相传，当面沟通，根本没有从容酝酿、仔细斟酌语言的时间。而且谈判进程常常是风云变幻、复杂无常，尽管谈判双方事先都尽最大努力进行了充分的准备，制订了一整套对策，但是，因为谈判对手要说什么话谁也不能事先知道，所以任何一方都不可能事先设计好谈判中的每句话，具体的言语应对仍需谈判者临场组织，随机应变。

谈判者要及时、灵活地对自己的语言进行调整，转移或继续话题，重新设定说话内容、说话方式，以保证语言更好地为实现谈判目的服务。

总之，一场成功的谈判，是谈判双方出色运用语言艺术的结果。

3. 三言两语，和陌生客户一见如故的方法

对于谈判人员来说，所面对的客户多是初次见面的陌生人，而谈判前的寒暄，对于谈判的结果有时能起到意想不到的作用。

有一位学者曾说过："如果你能和任何人连续谈上 10 分钟而让对方产生兴趣，那你便是一流的沟通高手。"

这句话看起来简单，做起来却不容易，因为"任何人"这个概念范围是很广泛的，也许是工程师、律师，也许是教师或艺术家。总之，对于各种阶层人物，你能和对方谈上 10 分钟，并让他们产生兴趣，这是需要很高的说话水平。

谈判开始时，虽然双方谈判人员表面彬彬有礼，内心却对对方存有戒备心理，如果这个时候直接切入主题，进行实质性交谈，就会引起对手的警觉。所以，谈判开始时的话题最好是轻松的、非业务性的，要给对方足够的心理准备时间，为谈判成功奠定一个良好的基础。

怎样才能跟初交者一见如故？下面介绍的几种开场白能收到一定的效果。

（1）从题外话入题

比如，"今天过来的时候，路上有没有塞车呀？"如果对方是外国人，最标准的入题话题是："你这趟飞行还好吗？"由于频繁往来于各国的商业人士，通常是飞来飞去的"空中飞人"，因此每个人对于飞行都有一套自己独特的见解。

入题话题的内容很丰富，可以信手拈来，不花力气。比如可以根据谈判时间和地点，从气候、旅游、娱乐、新闻以及双方谈判人员的具体情况，脱口而出，亲切自然。不必刻意没话找话，否则反而会给人一种不自然的感觉。

最好的方法通常是谈论双方所处的环境。这不像谈论对方本身那样容易引起对方的担心，也比谈论自己更容易让对方参与进来。

（2）从“自谦”入题

如对方为客，来己方所在地谈判，应该谦虚地表示各方面照顾不周，没有尽好地主之谊，请多谅解，等等。

也可以由主人介绍一下自己的经历，说明自己缺乏谈判经验，希望各位多多指教，希望通过这次谈判建立友谊，等等。

（3）介绍己方人员

简要介绍一下己方人员的经历、学历、年龄、成果等内容，由此打开话题，既可以缓解紧张情绪，又不露锋芒地展示了己方强大的阵容，使对方不敢小视，等于暗中给对方施加了心理压力。

（4）谈论对方

大多数人喜欢谈论自己，他们会很高兴地回答你的问题或者回应你的意见。在开口之前，观察一下对方在穿什么、在做什么、在说什么、在读什么，想一些你想进一步了解的内容。例如：

“你这件夹克很有趣，和我说说，这个标识代表什么？”

“你在董事会上的发言精彩极了。能不能说一说，你为什么觉得太阳能的开发速度不够快？”

“啊，我们不是在A公司的会议上见过吗？你是怎么加入A公司的？”

（5）攀亲认友

一般来说，对任何一个素不相识者，只要事前做一番认真的调查研究，你都可以找到或明或隐，或近或远的亲友关系。而当你在见面时及时聊出这层关系，就能一下缩短双方的心理距离，使对方对你产生亲切感。三国时代的鲁肃就是一位攀亲认友的能手，他跟诸葛亮初次见面时的第一句话是："我是你哥哥诸葛瑾的好朋友。"就凭这一句话就使双方迅速交谈自如，为孙权跟刘备结盟共同抗击曹操打下了基础。

1984年5月，美国里根总统访问上海复旦大学。在一间大教室内，里根总统面对100多位初次见面的复旦学生，他的开场白就紧紧抓住彼此之间还算"亲近"的关系："其实，我和你们学校有着密切的关系。你们的谢希德校长同我的夫人南希，是美国史密斯学院的校友呢。照此看来，我和各位自然也就都是朋友了！"此话一出，全场鼓掌。短短的两句话就使100多位黑发黄肤的中国大学生把这位碧眼高鼻的总统当成十分亲近的朋友。接下去的交谈场面自然十分热烈，气氛极为融洽。你看，里根总统这段一见如故的设计是多么巧妙！

除此之外，若找不出旁的话题时，那么中国原有的老方法最管用。那就是请问对方的籍贯何处，家住哪里，知道了籍贯，话题就容易找了。东北的，你可以和他谈赵本山的小品。广西的，可以和他谈桂林山水。四川的，可以谈四川丰富的物产。如果是同一省的呢，那更容易了。比如你可以和顺德人说蚕丝，和海南人谈椰子……

因为"第一句话"的目的是为了拉近彼此的距离，你如果指着一件雕像说：真像罗丹的作品！或听见鸟鸣就说：很有门德尔松音乐的风味！除非对方是内行，否则答不上你提的问题，就会感到很尴尬，担心你会因此而耻笑他连这么简单的问题都不知道。这样一来，非但没有达到增进彼此感情的目的，反而会令对方产生戒备心理，平添彼此的隔阂。

4. 问题是有力的说服工具

哲学上认为，问题就是力量的所在。为什么问题的力量如此强大呢？

比如我们正在谈话，突然有人向我们走过来，非常有礼貌地问："对不起，请问现在几点了？"我们被要求回答。在这种情况下，我们不可能继续谈话，必须先回答这个问题。我们所处的社会以及受教育的方式决定着我们的自觉反应。我们被教育要有礼貌，如果别人问话不回答，就显得没教养，不尊重别人。事实上，我们都希望回答那些显得我们有知识的问题，能够吸引别人的注意，使我们显得比别人高明。因此，我们几乎会回答他人当面提出的所有问题，就算有些问题不知道答案，也会在心中想一想。正是如此，问题成了有力的说服工具。而在谈判实践中，提问却是多样化的。

（1）提问能够打断对方的思路，立即吸引对方的注意

“如果……那就太好了，是吗？”

“你能否帮助我……”

即使是最简单的问题也能使你得到重视。

（2）提问为你赢得时间，争取改变

在回答问题之前，对方一般都会先想一想答案。这使其处于防御状态，也为你赢得了时间，可以做出下一步的对策。也就是说，对方做出回答前的那段时间能让你具有决定性的优势，你可以利用它来思考、混淆、拖延和确认。

（3）提问给了对方说话的机会

人们喜欢回答问题，尤其是当他们知道答案的时候。这会让他们成为你的盟友。

提问时，你可以先提一个问题，然后根据对方的反应再继续提出其他问题。例如，你可以问：“张经理，你认为企业目前的产品质量问题是什么原因造成的？”产品质量自然是经理最关心的问题，经你这一提问，可能会引起关于提高产品质量问题的讨论，无疑将引导对方逐步进入主题。

（4）提问可以维持别人对一个话题的兴趣

当你们对话的热度逐渐减弱的时候，也可以通过提问刺激对方的反应，重新引起他们的注意。

如：“你真的有信心在这里投资吗？”

有许多问话表面上看来似乎是为获得自己期望的信息和答案，但事实上，却同时把自己的感受或已知的信息传达给了对方。

（5）提问可以减少猜测，进而减少抵触

提问可以减少猜测，从而缩短说服过程所花的时间。它们可以引导你的话语和行动真正进入对方的内心。

（6）通过提问赞美对方

每个人都想得到别人的赞美，提个问题就能使其得到满足。

例如，你可以这样称赞对方：

“记得我以前做这类的工作，都要花费 5 天以上的时间才能完成，想不到你竟然不到 3 天就完成，而且做得比我还好！不知道你是怎样完成的？”

或者问：“记得我以前办这件事要花费 5 万元，想不到你只花了 4 万元就办好啦！你是怎么办到的呢？”

此时，对方一听到你的“问话”，会不觉得意起来，甚至会自吹自擂地回答道：“这件事的确让我好几个晚上睡不好觉，终于让我想出了这个好方法，克服了这个困难。”

“啊！原来如此！的确让我佩服！”

在谈判中，一旦对方得出了你希望的结论，你更要称赞对方具有敏锐的观察力和推理技巧。

（7）用提问排除干扰

当种种干扰性因素分散了对方的注意力时，就对你没有任何帮助。如果对方的思绪四处飘散时你必须把他们的注意力带回正题上来。但不必与之正面交锋，你只要加个问题进去就行了。一个机敏的问题能够立刻帮助你重新引起对方的注意力。再问一两个问题，你就可以继续探讨刚才的要

点了。

例如，当你正要请对方做出最后承诺的时候，一辆列车从窗外呼啸而过，分散了所有人的注意。这时，你可以简单地问一句："你是愿意坐在站台上无聊地看列车驶过，还是爬上火车，驶向光明灿烂的未来呢？"

提问可以帮助你绕过干扰性因素，重新控制局面。

（8）提问让你的请求变得温柔

不要告诉人们该做什么，而要问他们想做什么。提问是一种带有感情色彩的请求，它赋予对方做决定的权利。如果你告知别人去做什么，那只是你的决定。通过提问可以让对方感觉自己很重要。既然如此，你又何必对周围的人发号施令，招来抵抗和冲突呢？

（9）提问帮你打破僵局

提一个问题就能做一次交流、影响一个人，至少可以约定下一次再见面。

（10）做谈判结论用

借着提问使话题归于结论。

如："该是决定的时候了吧？"

"这的确是正确的，对不对？"

无论怎样，提问之前都要打好腹稿，事先确定提问的范围与主要内容。想一下那些出庭的律师是怎样做的。在法庭上询问证人的时候，提问是他唯一的武器。他不仅仅考虑一个问题，而是要考虑成百上千个问题，更重要的是根据预期的回答把这些问题组成一个"问题链"。这样才能有助于提高提问的质量并获得理想的效果。

5. 好的答案来自好的问题

高明的谈判者能在谈判中掌握主动，主导谈判的方向，左右谈判的进程。如何才能达到这样的水平呢？

运用诱导性提问、投石问路式提问和二选一式提问三种提问方式，就是达到这一目的行之有效的手段。

（1）诱导性提问

运用诱导性提问方式可以开启对方的思路，并引导对方接受自己的观点。

我们要得到一个好的答案，就要学会提出一个好的问题。诱导性提问无形中已经把答案放进听者的头脑。例如，你可以问："大多数人都会选择买红的。你也喜欢红的，对吗？"这就是一个"诱导性"问题。对方先是默默地在脑中回答你的问题。一旦对方迈出这一步，就意味着他们打算同意你的建议，而你就开始引导对方踏上你为他们设计的行动之路了。

诱导性问题很容易提出，你只需要把一个陈述句改装成问句就可以了。例如："这本书很吸引人，不是吗？"广告、法庭、会议、家庭，到处都可以发现诱导性问题的踪迹。陈述句后面紧跟的这个小小反问，使提问具有了寻求同意的意味。

诱导性提问立足于"导"着眼于"诱"，目的是为了把对方紧紧吸引住，使其沿着你的思路去思考问题，引导谈判对方最终接受你的观点，做出你所希望的结论。

这样，发问者可以牢牢地掌握谈判的主动权，使对方处于被牵制的地位。孟子在批评齐宣王不会治理国家时，就采用了诱导性提问的技巧。

他向齐宣王提了三个问题：

"假如您有一个臣子，把妻室儿女托付给朋友照顾，自己到楚国去了。等他回来时，妻子儿女在挨饿受冻，对这样的朋友，该怎么办？"

齐宣王答道："那就与他绝交吧。"

"若是位拥有众多士兵的长官，不能好好地对待部下，那该怎么办？"

齐宣王答道："那就把他撤职了吧。"

孟子再问："那么，假如一位国君，不能好好地治理国家，那又怎么办？"

这一问齐宣王不好回答，只好支支吾吾，闲扯些其他事来摆脱窘境。

孟子提问技巧之高超在于，他不是先提第三个问题，而是先设两问，以前两问作为铺垫，诱导齐宣王做出肯定的回答，最后再提出怎样对待不会管理国家的君王的问题。

齐宣王引火烧身，穷于应付，只好"顾左右而言他"。

由此可见，诱问是谈判中一种锐利的武器。运用得妙，能紧紧牵住对方的"鼻子"，使其就范。

(2) 投石问路式提问

投石问路式提问可以在谈判过程中巧妙地试探对方，借助提问的方式，来摸索、了解对方的意图以及某些实际情况。

例如，可以在商业谈判中这样提问：

"你想订多少货？"

"你对这种合作方式感到满意吗？"

每一个提问都是一颗探路的石子。你可以通过询问产品质量、购买数量、付款方式、交货时间等来了解对方的虚实。

(3) 二选一式提问

有些谈判者的提问是从一些用"是"或"不是"便能够回答的简单问题开始的。比如："你打算购买吗？"但是，像这种询问对方今后的打算或者询问对方是否感兴趣之类的问题，一旦对方说"不"，谈话就会很难继续下去。

如果做出二选一式的提问，无论答案是肯定的还是否定的，谈话都可以继续展开。例如，我们可以提出下面的问题：

“你想买的商品是A型还是B型呢？”

“如果你要购买，这里有A型和B型两种款式，你喜欢哪一种呢？”

通过二选一式的提问与对方展开沟通之后，就可以以问题的答案为中心进行进一步的询问，以便逐步展开更加深入的交流。

“是嘛！是A型呀。A型这一款商品是一种很好的商品。那么你想什么时候进货呢，是这周，还是下周？”

借助巧妙的提问方式，你就可以进入并且左右对方的意识，对方也会根据自己得出的结论改变原有的想法。

6. 记住，你的回答是一种承诺

伏尔泰说：“判断一个人，凭的是他的问题，而不是他的回答。”

在你回答对方的问题前，如果能思考“为什么他要问这些”以及“对方要问些什么”，就已经不是被动、不假思索地回应对方，而是想了解对方的真正用意，相当于已经化被动为主动。

高明的谈判者善于运用诱导性提问，而更高明的谈判者更善于巧妙地回答别人提出的问题。

无论你的谈判水平如何，有个要点请记住——在谈判中你的回答是一种承诺，不可口无遮拦。

谈判中回答问题，不是一件容易的事。因为，你不但要根据对方的提问来回答，并且还要把问题尽可能地讲清楚，使提问者满意。而且，你对自己回答的每一句话都负有责任，因为对方可以把你的回答理所当然地认为是一种承诺。这就给回答问题的人带来一定的精神负担和压力。因此，一个谈判者水平的高低在很大程度上取决于他回答别人所提出问题的技巧。

掌握谈判的答复技巧应注意以下要领：

（1）不要彻底回答对方所提的问题

答话者要将问话者所提的问题的范围缩小，或者在回答之前加以修饰和说明。

比如，对方对某种产品的价格很关心，就会直接询问这种产品的价格。如果很彻底地回答对方，把底价一说了之，那么在进一步的谈判过程中，回答的一方可能就会比较被动了。

（2）不要确切回答对方的提问

回答问题，要给自己留有一定的余地。回答时，不要过早地暴露你的实力。

通常可以先说明一种类似的情况，再回到正题。或者，利用反问把重点转移。

（3）减少问话者追问的机会

问话者如果发现了答话者的漏洞，往往会刨根问底地追问下去。所以，回答问题时要特别注意，不要让对方抓住某一点继续发问。

有时，借口说问题无法回答也是一种回避问题的方法。

（4）让自己获得充分的思考时间

回答问题前必须谨慎从事，对问题要认真思考。要做到这一点，就需要充分的思考时间。

一般情况下，谈判者对问题答复得好坏与思考时间成正比。因为如此，有些提问者会不断地催问，目的是迫使你在对问题没有进行充分思考的情况下仓促回答。

有时可以用资料不全或需要请示等借口来拖延答复，但并不意味着可以拒绝回答对方提出的问题。因此，谈判者在回答之前，要找借口尽量拖延时间，从而进一步思考如何来回答问题。

这种情况下，答话者更要沉着，你不必顾忌谈判对手的催问，而是转告对方你必须认真思考，因而需要时间。

（5）有时可以将错就错

谈判中，由于双方在表述与理解上不一致，错误理解对方讲话意思的事情时有发生。

一般情况下，这会增加谈判双方信息交流与沟通上的困难，因而有必要予以更正、解析。但是，在特定情况下，这种错误理解能够为谈判中的某一方带来好处。因此，可以采取将错就错的策略。

比如，当买方询问某种商品的供应条件时，卖方答复买方多买可以享受优惠价格。买方把卖方的答复理解为：如果想享受优惠价格的话就必须成批购买，而实际上卖方只是希望买方多购买一些而已。

如果买方有了这样的理解后，仍有购买的意向，卖方当然不必再把自己的原意解释一番了。

（6）并非每个问题都需要解答

谈判者有回答问题的义务，但是这并不等于谈判者必须回答对方所提的每一个问题。特别是对某些不值得回答的问题可以礼貌地拒绝回答。

在谈判中有些谈判者会提些与谈判主题无关的问题，回答这种问题显然是浪费时间。或者，对方会有意提一些容易激怒你的问题，其用意在于使你失去理智。回答这种问题，只会损害自己。不妨一笑了之。

有些谈判者还会提出一些模棱两可或旁敲侧击的问题，意在摸对方的底。对于这一类问题，要清楚地了解对方的用意。否则，轻率、随意地回答，会造成己方的被动。

很多人对于忽略对方的问题这种行为会感到畏惧，其实我们不必太过担心，根据美国一项统计，每个人平均每天至少会用到37个问句，然而真正需要解答的，只有不到6个。即使是在谈判的场合，每个小时至少也会有两句话是以问号结尾，但有83%的人在会谈过后，就会记不得自己提出过哪些问题。

也就是说，当我们专心回答每一个问题时，对方说不定正在偷偷打哈欠，因为他根本不是真正想要听取你的答复。

但是，还是会有让我们出乎意外、无法解决的问题，这时该怎么办？

其实遇到这种情况时，最好的办法就是“刻意忽略”，这并不是要大家选择不回应，而是在对方提出难以回答的问题时，利用“换句话说”的句型重新组合问题，刻意绕过对方问题中原来的重点，顺着我们擅长的方向去摆平问题。

例如，当对方告诉我们：“这个方案目前看起来很不错，可是你们的声誉一直不太好，品质真的有保障吗？”

多数没有经验的谈判者会语塞，或是开始捍卫自家的声誉，但这时我们可以这么回应：“我想你的疑问是品质问题，换句话说，只要能有品质管理的相关流程保证，应该就没有问题了吧？”

有没有发现？在“换句话说”的过程中，我们已经把对方的主要质转移到“品质管控流程”上，而“品质管控流程”原本就是我们在谈判前应该彻底了解的部分，这样一来，既不用为了替自家辩护而模糊焦点，还能让对方把注意力转而放在我们有备而来的资料上。

在谈判中，正确的答复未必是最好的答复。应答的艺术在于把握好什么应该说，什么不应该说，千万别被对方提出的问题打乱阵脚。尤其当我们无法对问题立刻给予正面回应时，如果硬是绞尽脑汁地解释也只是多费唇舌、浪费时间，同时把主动权让给对方而已，还不如学会“忽略”问题，模糊焦点，迂回地赢得主动。

7. 谈判是一个双向的过程

许多谈判者在与客户谈判的时候，充分显示了自己的辩论能力和说服能力。在整个会谈中，健谈的谈判者牢牢地控制了整个会谈局面，客户根本就没有机会提出异议。谈判者从产品、服务、价值、性价比等方面，雄辩地阐述了己方的竞争优势。客户除了点头附和以外，没有任何插话的机会。表面看来，谈判者在这次会谈中赢了。然而，最后的结果是，谈判者却失去了这个订单。从这次会谈后，谈判者甚至根本不能再与客户会面。

问题出在哪？不是许多人都认为，谈判者就应该是好的谈话者和好的演讲家吗？难道不是这种人最能拿到订单吗？

据一项调查显示，在谈判中，对倾听的一方而言，“90秒”是一段相当长的时间。如果你一味自顾自说，而不与对方及时互动的话，不管你的发言内容有多精彩，也吸引不了对方全程听下来。

因此，你在谈话过程中要想“俘获对方的耳朵”，并不是一件容易的事。其实，谈判是一个双向的过程，其要点就是“认真倾听对方说的话”。

倾听对方谈话要注意以下三点：

（1）让对方畅所欲言，使对方感到满足

一般来说，当一个人感觉到自己受到重视，就会对对方产生好感。因此，从谈判一开始就务必要扮演好倾听者的角色，以便给对方留下不错的第一印象。

在谈判过程中，如果一方一直滔滔不绝地高谈阔论，那么双方沟通的质量必然很差，因为这样下去已不是谈判，而是像演讲或培训讲座一样，对方的感觉一定非常不好。你要试着成为一位倾听者，认真倾听对方的谈话，静下心来，像个友好、友善、积极、热情的朋友一样，像听取世界上最美妙的声音一样，这样会让对方产生被尊重的感觉。

（2）知道对方的意图，随时调整下一步谈判策略

认真地倾听对方的所有意见和建议。只有这样，你才能从对方的言行举止中了解并领悟对方所传达的信息。当你真正地了解对方的想法后，你与对方的沟通才算真正开始。

听是为了使我们能够再次发问。

对于同一件事物，每个人的理解程度不尽相同。如果能够倾听对方的

声音，设身处地体谅对方的心情和立场，便可以拉近双方在理解上的差距，避免产生误会。所谓谈判，是一种双方提出条件、相互谋合的过程，因此陈述过自己的主张之后，也必须让对方有机会表达意见。这不仅是一种礼貌，也是必须遵守的规则。

（3）化解矛盾

无论客户是抱怨、驳斥还是责难，谈判人员都要仔细聆听，要让客户心平气和地将话说完，就算客户的意见不符合实际情况，也要听下去，除非情况非常特殊。

做一个有忍耐力的听者，是谈判艺术当中一个重要的条件。因为能静坐聆听别人意见的人，多半是一个富有思想、具有谦虚品德的人。这种人在人群当中，开始时也许不大受人注意，但最后却是最受人尊敬的。因为这种人虚心，所以被大多数人所喜欢；因为这种人善于思考，所以为众人所信赖。

最爱挑剔的人和最激烈的批评者，往往会在一个有忍耐力、同情心的静听者面前软化下来！

所以，我们追求的目标不应该是“滔滔不绝地述说”，而应该是“激发对手聆听的欲望”。

8. 用“心”去倾听对方

如果认为自己听见了就是在倾听，那是不准确的，因为倾听不仅仅要用耳朵，更要用“心”，否则人与人之间的沟通会很困难。

倾听当然也是有层次之分的。有的人是听而不闻，如同耳边风，完全没听进去。还有的人敷衍了事，心不在焉。或者有选择地听：只听合自己的心意或口味的，与自己心意相左的一概过滤掉。当然，最有成效的倾听方式应当是专注地倾听，出发点是为了了解对方的观念和感受。

下面是几点提升倾听能力的技巧：

（1）永远都不要打断对方的谈话

如果是无意识地打断对方的谈话是可以理解的，但也应该尽量避免；有意识地打断别人的谈话，对于对方来讲是非常不礼貌的。

（2）清楚地听出对方的谈话重点

能清楚地听出对方的谈话重点，也是一种能力。因为并不是所有人都能清楚地表达自己的想法，特别是在受情绪影响的时候，经常会有类似“语无伦次”的情况出现。而且，除了排除外界的干扰，专心致志地倾听以外，你还要排除对方的说话方式给你带来的干扰，不要只把注意力放在说话人的咬舌、口吃、地方口音、语法错误或“嗯”、“啊”等习惯用语上面。

（3）适时表达自己的意见

谈话必须有来有往，所以要在不打断对方谈话的原则下，适时地表达自己的意见，

谈判中的插话，常使用“重复”和“概述”两种方法。

“重复”使用得及时恰当，能使商谈不致停顿和中断，可以收到很好的效果。比如偶尔可以插上一句：“你刚才的意思是不是说……是吗？”这样做还可以让对方感受到，你始终都在注意地听，而且听明白了。什么是最尊重的“听”？重复对方的话就是最尊重的“听”！

在与说话条理不清和语言逻辑较差的人谈判时，应该抓住机会对其语言进行一定的整理，以防其杂乱无章地“开无轨电车”。这时比较有效的整理方法就是概述。

概述应紧扣主题，突出几点，理出头绪，去掉与主题无关的废话，保证谈判的顺利进行。这样的概述会给人以礼貌的感觉。对方往往喜欢别人理解自己的意思，如果你表达出对方想说而没能说清楚的话，就很容易赢得对方的好感。

（4）肯定对方的谈话价值

在谈话时，即使是一个小小的价值，如果能得到肯定，讲话者的内心也会很高兴的，同时对肯定他的人必然产生好感。因此，在谈话中，一定要用心地去找对方的谈话价值，并加以积极肯定和赞美，这是获得对方好感的一大绝招。比如对方说“我们现在确实比较忙”，你可以回答：“你坐在这样的领导位子上，肯定很辛苦。”

（5）配合表情和恰当的肢体语言

当你与人交谈时，对对方所说的话的关心与否，直接反映在你的脸上，所以，你就像是对方的一面镜子。

为了表示你在认真地听，你还得配上恰当的表情，用嘴、手、眼等各个器官去说话。但要牢记切不可过度地卖弄，如过于丰富的面部表情、手舞足蹈、拍大腿、拍桌子等。

正确的做法是点头认可并面带微笑。有些人习惯于边听边皱眉思考，看起来很认真，但是我们都听过“但见蹙额眉，不知心恨谁”这句话吧？对方看到心里会不舒服，从而对皱眉者产生反感。我们要让对方感觉到我们非常喜欢听他说话，因为只有这样对方才会继续讲下去。

（6）避免虚假的反应

在对方没有表达完自己的意见和观点之前，不要做出“好，我知道了”、“我明白了”、“我清楚了”等反应。这样空洞的答复只会妨碍你去认真倾听对方的讲话或阻止对方进一步解释。

在对方看来，这种反应等于在说“行了，别再啰嗦了”。如果你恰好在他要表达关键意思前打断了他，被惹恼了的对方可能会大声质问：“你知道什么？”这就很不愉快了。

总之，倾听不是被动地接受，而是一种主动行为。倾听者不应机械性地竖起耳朵，在听的过程中脑子要在转，不但要跟上倾诉者所讲的内容，还要跟得上对方的情感深度，在适当的时机提问，使得谈判能够步步深入下去。

9. 把话说到人的心坎里

谈判中的语言沟通是一种建立在心理接触基础上的人际交往。所以，心理因素对语言交际的影响最大、最直接，也最关键。谈判者在与对方交谈时，一定要注意使自己的语言贴近对方的心理，尽可能地消除心理障碍造成的隔阂。这是因为，人们对任何事物的接受，首先表现为心理上接受，因此把话说到人的心坎里，事情才好办。

那么，怎么做才能使你的谈话打动对方的心呢？

（1）站在对方的视角上阐述自己的目标

谈判实践告诉我们，谈判双方实现有效沟通的重要方式之一就是要设身处地从对方的角度来观察问题，这同样是打破僵局的好办法。站在对方的角度思考问题，就能够多一些彼此间的理解。这对消除误解与分歧、找到更多的共同点、构筑双方都能接受的方案，有积极的推动作用。不知你是否有过这样的经验：当你向对方诉说其认同的观念、立场、兴趣、爱好或经历时，两人的思想就很容易产生共鸣，碰撞出激烈的火花。心理学家指出，这其实就是人的一种相似、相惜心理。根据这种心理，在与他人交往时，如果我们能找到对方的“动情点”，把话说到对方心坎里，就很容易与对方建立起良好的交往关系。

在谈判中，如果善于顺着对方的思考方式分析问题，就能够多一些彼此之间的理解，消除误解与分歧，找到更多的共同点，积极推动谈判进程。

例如，不应该说“我想介绍一下我们公司新产品的特性”，而应该说“希望你能了解一下我们公司新产品的特性”；不应该说“希望这种新技术能够降低成本”，而应该说“希望这种新技术能够帮助贵公司保持产品的性能，并降低成本”。

在一般情况下，你给对方的感觉将在很大程度上影响对方的选择。也就是说，同一个目标，阐述的立场不同，给对方的感觉就不同。如果你从自己的立场出发，一味地阐述自己的目标，对方很可能会觉得你的目标很“麻烦”或“不切实际”。如果你能够从对方的立场出发，让对方去想象，那么对方很可能会觉得“按照他说的也许能实现”，进而认同你提出的方案。

（2）照顾到每个人的思维方式

在谈判时，你的思想至少要顺着两条线发展，一条线是自己的，一条线是对方的。一方面你当然要有你自己的立场、态度和推理的方法，另一方面你还要懂得对方的立场、态度和推理的方法。如果你谈判的对象不是一个人，那么，你的工作就更为复杂，你所要顾及的方面就更多。因为每个人的思想、嗜好和推理方式都是不同的。如果你的谈判对象是两个人，你的工作就有点麻烦。有的时候，在某一点上，甲乙两人都不同意你的意见。而在某一点上，甲同意你，乙却不同意你；或是正相反，乙同意你，而甲又不同意你；或者，甲和乙都不同意你，而他们彼此之间也互有分歧。这时，你的思想线不再是两条线，而是三条线。你必须同时能照顾到这三条线的发展，考虑到它们的互相影响。

如果你是一个有经验的谈判者，你还要避免一个最容易犯的错误，你的个人爱好不能偏重一个人，而忽略了另外一个人；你同甲谈得太多，会使乙坐在那里发闷。

这里只是简单地说三个人谈话的情况，如果超过三个人以上，那你就更不容易应付了。

（3）适时转移话题

“王顾左右而言他”，是大家都熟悉的成语。巧妙地适时转移话题，是一种重要的谈判手段。

请看下面的谈判场景：

“这笔买卖对你我都至关重要。但首先请允许我对你的平安抵达表示祝贺。旅途愉快吗？”

“非常愉快。交货还有什么困难吗？”

“这个问题也是我们这次要讨论的。途中饮食怎么样？来点咖啡好吗？”

这种“顾左右而言他”的力避锋芒的谈话技巧，可以消除那些对以后的合作可能有破坏作用的互相防范的情绪，在诚挚和轻松的交谈中，建立起一种具有合作前景的洽谈气氛。

下面是一个推销员的经验——无论顾客什么时候表示不喜欢，他都不去争辩对错。他会这样说：“但这不妨碍你今天买车，是吗？”开始的时候，他觉得这么说有点蠢，因为他觉得顾客会笑话他。然而，这样说买主往往不再拒绝。

顾客说：“你们只有红色的汽车吗？我们想要绿色的。”

他回答：“但这不妨碍你今天买车，是吗？”

顾客说：“不，我想不会。”

听起来有些奇怪，不是吗？但是如果你试试看，我相信你会责怪自己，因为你会发现，这么多年让你恼火的否定意见，其实根本用不着去理会。

比如，你的买主说：“你的竞争者愿意以比你少一元的价格卖给我。”

你说：“但那也不妨碍你买我们的产品，不是吗？”

他也许会说：“我想不会，如果你们的服务像你们保证的那么好。”

怎样才能一下子把话说到对方心坎里，让对方听从你的建议？真正的谈判高手，说出的话就如同钥匙和密码一般，可以打开听话者的心灵之门，让一切如己所愿，让对方心服口服！

10. 是委婉表达还是直言相告

在谈判中，对一些观点的表述，是委婉表达还是直言相告？

我的答案是——该委婉时委婉，该直言时直言。

有的时候，应该注意对用语的掌握。同一种意思，往往可以有几种表达方式。有的表达方式让对方听了觉得很舒适，使双方之间的关系变得很亲密。这种表达方式对谈判有利，是可取的。而有的表达方式除显得有些生硬外，还会使对方听了产生一种不安和惶恐的感觉，甚至是反感、厌烦。

比如，你可以说“我很失望”而不是“你违反了诺言”。在否决对方要求时，可以这样说：“你说的有一定道理，但实际情况稍微有些出入。”或这样说：“在我们接受或者否决这项建议之前，让我们看看如果采纳了另外一方的建议会有哪些负面效果。”这样做可以在不直接否定对手建议的情况下，让对方意识到自己的提议是经不起推敲的。

中国古代著名文学评论家刘勰在《文心雕龙》中倡导文章贵在含蓄。谈判有时也是如此，如果谈判桌上话语一旦全露，一览无余，势必味同嚼蜡；而“盘马弯弓惜不发”、“犹抱琵琶半遮面”，让人三思才得，才能使谈话清新隽永，令人回味无穷。但事实上，即使是中国人之间，也很难察觉对方真正的心意，更何况有时谈判面对的是外国人。因此，外国人经常觉得“不知道中国人葫芦里卖什么药”。在欧美国家，人们不习惯太多的客套，提倡自然坦诚。例如在美国，主人若请你吃饭，如果每道菜上来时你都客气一番，迟迟不动，那么，也许你会饿着肚子回家；如果你是一位进修学者，当指导教授问及你的特长和主攻方向时，你自谦过分，那也许你真的会被派去做洗试管之类的杂差。因此，客气谦逊要根据讲话的对象不同而有所变化。我们在跟欧美人士谈判时，“YES”、“NO”可不是口头上的虚应故事，而是明确的态度表达。

只有发自肺腑的话语才能打动别人的心，这话一点不假。正如弗兰西斯·培根所说的那样：“人与人之间最大的信任就是直言的信任。”直言是谈判者真诚的表现，也是和对方关系密切的标志。所谓“见外”，往往就是因为某种不必要的委婉而与对手形成的一种心理上的隔阂感。试想，如果你在与很熟悉的同事见面时一开口就说“对不起”，一插话就问“我能不能打断一下”，他们就会以一种异样的眼光看待你。

直言还是自信的结果，因为只有相信别人的人才谈得上自信。那种说一句话要反复斟酌半天的人是谈不上有什么自信的。而缺乏自信正是你和谈判对手交涉的重大障碍，因为人们一般是不会乐意同一个畏畏缩缩的人打交道的。

在谈判中，谈判者还经常会出于表达策略上的需要，故意运用一种模糊语言，但是使用模糊语言时，也要求它具有准确性。因为模糊语言反映了谈判者对某一个客观事物一定的认识程度，而这种程度的表现必须是相对准确的。换句话说，使用模糊语言正是为了更准确地传递复杂的信息，表达错综的思想。模糊语言规定了一定的理解范围，如果抛开了准确性原则，超出了它的理解范围，模糊语言就变成“糊涂”语言了。

总之，在谈判桌上的语言交往，要注意区分对象。对方性格是内向型还是外向型？是幽默还是拘谨古板？是豪爽还是谨小慎微？通过简短交谈与观察后，掌握对方的特点，再有针对性地选择恰当的语言，该委婉时委婉，该直言时直言，总之，一切目的是为了提高成交率。

11. 成也词汇，败也词汇

人们在谈判中坚持已见,往往不是因为谈判桌上的建议本身不能接受，而只是不想表现得在对方面前败下阵来。如果改变一下措辞，就可以使谈判看上去公平一些，对方往往会欣然接受。

谈判是征服的艺术。谈判者要懂得对用词进行推敲，才能得心应手地说服对方。

（1）“我不会说好听话”只会让人反感

有些人说话前出于习惯或好意，会不自觉地跟对方说些“我不会说什么好听话……”，“我说话比较直接，不要人介意……”之类的提示语。

其实，这些告诫听在对方耳里，可不会觉得你是心怀好意的，只会让对方产生两种想法：

第一种是认为你接下来可能要出“狠招”了，暗地里多少会加强对你的防备，这对接下来的谈判肯定不是好事。

而另一种想法当然也好不到哪里去，那就是他们会把你的话当真，认定你“口语表达不佳”。试想，如果一开始你就给别人轻视你的机会，这场谈判还能平等地谈下去吗？

林语堂说过：“在你开口讲笑话前，告诉别人‘我要说一个笑话’时，这个笑话就已经失去它的精神，还会让对方笑不笑都尴尬。”

同样，在谈判中你暗示或明示对方“我说话比较直接，不要太介意……”，只会让人不得不对你介意，让情况更难掌控而已。

与其事前提示，然后事后后悔，我建议，既然已经在事前知道自己不会说好听话，那就在开口前多考虑3秒钟，把这些会让人介意的话用别的词代替，来个一劳永逸。

（2）少说“拜托……”、“请您……”、“麻烦您……”

我的朋友出了一次车祸，明明是对方超车导致擦撞，他下车后还是客气的左一句“不好意思……”右一句“可不可以麻烦你……”结果警察竟然认定一定是我朋友的责任，否则哪有人被撞还这么礼貌的？于是警察对他仔细盘问，让朋友大叹有些情况下真是客气不得。

东方人基于注重情感的观念，不自觉地常会在谈话中加入“拜托……”、“请您……”、“麻烦您……”等“祈使句”，虽然在说出这些句子时，也不见得是真的需要对方帮忙，多半是表示客气的虚词而已。

可是在谈判过程中（尤其和西方人谈判中），一旦你轻率地说出这些“祈使句”，对方往往会以为你真的在求他们，等于是自降一级、未战先降，最后就会像我那朋友一样，明明自己没错却百口难辩。

为了改变这种从小养成的习惯，大家平常可以通过录音的方式，了解自己使用这些词句的频率有多高，或是请朋友和同伴多加提醒，才有可能逐渐省略这些虚词。

（3）代名词的运用

在大部分谈判场合，“我们”是很容易拉近距离的代名词，因为这会让对方有种和你“站在同一阵营”的感觉。但是，使用这两个字，也有“共享收益”的意思在里面。比如当你说“我们能多拿到20%的收益”和“你能多拿到10%的收益”，虽然数字算出来是一样的，但在对方心中，前者代表的是“这些收益必须分享出去，我只能拿一半”，感觉获利由多变少，心情当然也是先喜后忧；而后者则给人“这些收益都是我的”的感觉。事情就是这么简单，只要别刻意强调“我们的……”，而是用“你的……”，就可以在对方的潜意识中，种下“他并没有要和我瓜分这些收益”的种子。

（4）小心语尾词

有的人在回答对手每一个问题时，都会心怀胆怯地加上“对吧？”“没错吧？”“好吗？”等疑问词，还有的人眼神甚至会不自觉地飘向一旁的助理，仿佛想寻求帮助……这些表达“困惑”的语调和举动，都在告诉对方“我正在说违心之言”。

我建议多用“所以”，少说“但是”。

对话中应该尽量避免使用转折连词。使用过多，无论怎么解释都会形成一种相互对立的氛围。即使对方反驳自己，也不能用“但是”来接受。不管人家说些什么，一定要用“所以”、“正因为如此”等顺接连词来应对。

比如谈判中，对方在指出缺点时问道：“这种场合，你们应当如何处理？”这时可以回答：“没什么，正在考虑对策。”也可以回答：“正因为如此，我们才正在考虑对策。”两者的意思都讲得通，但以后者为好，因为它给人留下的印象是我们双方都在朝着同一个目标努力。

有些表达写进文章里显得文理不通，但在口头对话中往往没有什么异样的感觉。比如有两个女高中生在谈话，你站在旁听者的立场上听起来有些感觉驴唇不对马嘴，可她们在那种特定的气氛里就能一直聊下去。两者之间的谈话不必100%吻合，其中有30%对不上，说话气氛也能够融洽起来。所以，在理论上应当使用转折连词的地方，即使你用了顺接连词，谈话仍然可以继续，谈话内容也没有意外地发生变化。

（5）对“假定成交”有利的词

有些字眼可以促成“假定成交”，有些则不能。

比如，你认为“这件货品值 1000 元”与“这个货品售价为 1000 元”两句话，在销售效果上有何不同？

不同的词语，尽管它们表达了相同的意思，但感染力存在着明显的差异。用词不同，效果迥异。我们再试做以下的比较：

例句 1：“当”VS“如果”。

推销员 A：“当你拥有这部车时，我可以保证你会爱上它。”

推销员 B：“如果你拥有这辆车……”

你知道为什么推销员 A 能让客户成交，而推销员 B 却不能？因为“如果”这个字眼会唤起客户心中的疑问：“也许我会拥有它，也许不会。”

例句 2：“宝贝”VS“孩子”。

推销员 A：“听说这家新添了个小宝贝。”

推销员 B：“我听说这房子里新生了一个孩子。”

你认为两位推销员之中，哪位更能走近客户？答案当然是 A。因为前者使用了“家”和“宝贝”这些能调动听者感情的词语，比后者使用“孩子”和“房子”两词的效果好多了。

例句 3：“你需要……”VS“你需要……吗？”

推销员 A：“你需要一打以上大码衣服，半打中码背心，以及一些蓝色的衬衣……”

推销员 B：“你需要再订购些恤衫来补足你的存货吗？”

对于 A、B 两位推销员的说话技巧，你又有什么看法？

一个善于运用语言技巧的人不但要善于选择适当的词汇，还要适当地表现它们。

一位化妆品女推销员在介绍销售技巧的会议上，开口便引起了全场听众的注意："我之所以成功，在于我很注意自己谈些什么。比如说，当我在陈述'这支唇膏优点在于，即使嘴唇十分干裂，在涂抹后，也会增添高贵娇艳的神色'这句话时，我会先把'唇膏'、'干裂'的嘴唇、'涂抹'、'高贵'、'娇艳'等印象在对方的脑海中描绘出来，并以自己的方式游说对方。"

在美国有"谈判专家"之称的汤姆发现，有 24 个词汇在谈判中具有促进成交的作用。

第一个词语是对方的姓名，你要用亲切的声音读出来，并在整个谈判过程中经常提到。其他 23 个词汇分别是：了解、证实、健康、从容、保证、钱币、安全、节约、新的、亲爱、发现、正确、结果、真诚、价值、玩笑、真理、安慰、骄傲、利益、应得、快乐、重要。

而耶鲁大学的研究人员在这24个词的后面，又新添了5个词：你、担保、优点、明确、好处。

以上词汇能够打动对方的原因，是因为这些词汇满足了客户买产品的目的，可以把他们的需要激发出来。

12. 让人可以理解自己说出那个"不"字

在谈判实战中，我学到了有关谈判的一个最重要的道理——你要做好说"不"的准备。从来就没有一个人因为说了太多的"不"而破产。

据说美国第三任总统、《独立宣言》的起草人杰斐逊刚步入社会不久时，有一次姑妈去看他，杰斐逊想招待她吃饭，可是自己仅有 50 美元，他原本只想找个小餐馆，可是姑妈偏偏看中一间大餐厅，杰斐逊没办法，只好硬着头皮走进去。

姑妈坐下后开始点菜，当征询他的意见时，他只是含糊地告诉她："随便，都可以……"此时他心中七上八下，手里紧抓着那 50 美元。这些钱显然不够，怎么办？

食之无味地用完餐后，账单终于来了，杰斐逊接过账单，一脸不知所措。

这时姑妈温和地笑了，她接过账单，把钱给了侍者，然后对杰斐逊说："孩子，我知道你的不安，我一直在等你说'不'，可是为什么你迟迟不说呢？要知道，有时候勇敢坚定地说出这个字，是最好的选择，我来这里，就是要让你知道这个道理。"

杰斐逊说，这个"不"，正是他后来成为美国总统最重要的基石。

同样，一个因为不敢说"不"的谈判者，是最差劲的谈判者。因为你只会不断损耗你所代表一方的利益，而且在你和对手之间甚至没有"协调"这回事，只有你的不停让步而已。

所以，作为谈判者，尤其要学会拒绝的艺术。这才能大大提高谈判的效率，减少许多误解以及模棱两可的迟疑。

当然，在谈判中拒绝对方，一定要讲究策略。婉转地拒绝，对方会心服口服；如果生硬地拒绝，对方则会不满，甚至仇视你。所以一定要记住，拒绝对方，尽量不要伤害对方的自尊心。要让对方明白，你的拒绝是出于不得已，并且感到很抱歉、很遗憾。尽量使你的拒绝温柔而缓和吧。

这些说"不"的艺术包括：

（1）保持尊重态度

在谈判过程中，当你不同意对方观点的时候，一般不应直接用"不"这个极具强烈的对抗色彩的字眼，更不能威胁和辱骂对方。轻蔑、威胁或命令的语气，只会冒犯对方，招致怨恨。

只要尊重对方，就不会让双方因为一个"不"字陷入僵局。

在谈判中使用一些敬语，也能表达出你拒绝的意愿，传递出你拒绝的信号。当你想拒绝对方时，可以连连发出敬语，使对方产生"可能被拒绝"的预感，形成对方对于"不"的心理准备。

（2）要正面而明确

应该尽量把否定性的陈述以肯定的形式表达出来。不要说"我希望你考虑得更周到一点”，而是“A 部分的条款似乎不符合一开始的协议。”即使由于对方的坚持，使谈判出现僵局，需要表明自己的立场时，也不要指责对方。你可以说“在目前情况下，我们最多只能做到这一步了”。

（3）提出第三种选项

不要说“我不答应”，而要说“如果符合这些条件就可以考虑”。

另外，避开实质性的问题，故意用模棱两可的语言做出具有弹性的回答，既无懈可击，又可达到在要害问题上拒绝做出答复的目的。

（4）幽默地拒绝

当无法满足对方提出的不合理要求时，可以在轻松诙谐的话语中设一个否定问句，或讲述一个精彩的故事，让对方听出弦外之音，这样既避免了对方的难堪，又转移了对方被拒绝的不快。请看下面的例子：

某公司谈判代表故作轻松地说：“价钱这样低，恐怕我公司要关门大吉了，哈！”这样的拒绝，不仅转移了对方的视线，还阐述了拒绝的理由。

在谈判中，我们应该勇敢地说出“不”字，不能一味地姑息对方，一味地委屈己方，否则就是纵容对方的霸道。

第四章 让你的对手说“YES”

不相信影响力就跟不相信万有引力一样。

1. 为什么对方不说“YES”呢

谈判是一个相互交流和沟通的过程。在这个过程中，我方提出的提议或条款不可能全部被对方采纳，经常会遭到对方的拒绝。

为什么呢?

无论是哪个国家的谈判人士，在谈判桌上不说“YES”的理由，无外乎以下三点：

（1）“惯性”作用

“你好，麦克先生，真高兴见到你。对于你的提案，我的回答是YES。”就是麦克先生参与过一万次以上的谈判，像这样简简单单就达成共识的案例，恐怕一次也没发生过。

为什么对方不能一开始就干脆地说“YES”呢?

客户的拒绝在多数情况下是一种“惯性”在起作用，是一种习惯，就像我们问一个人是否喝水，他会很习惯地说不喝，但是如果我们把水给他倒上摆在他面前，他还是会喝的。

一般而言，面对对方的提案，直觉的反应通常是惯性的，也就是‘NO’。

当你提出一个建议时，就等于迫使对方做一个决定。而人有时往往是不愿意轻易做决定的，因为接受新事物意味放弃旧事物。人类天生是拒绝改变的，所以抗拒改变也是出于人的本能。我们今天用惯了电话，没有电话已经无法工作和生活，要知道贝尔刚发明电话时，人们嘲笑他是不可能对着一个装满电线的匣子说话的。

有了这样的认知，以后若是被对方拒绝，就不会觉得过于受伤。如果能够“将耳朵里听到苦涩的NO，当成是对方在跟自己打招呼”，就不会觉得谈判很痛苦。

（2）担心说“YES”，会被对手看不起

每个人都有自尊心，不想简简单单地就接受对方的要求，被对方认为是“两三下就可以轻松搞定的货色”。

（3）没有说“YES”的理由

例如，“不能接受这样的条件，所以不能说‘YES’”，或是“与我方的要求有所出入，所以不能说‘YES’”等原因，而这些正是谈判过程中最常遇到的。

在谈判过程中，客户一般会提出哪些异议呢？针对产品价格提出异议是最常见的一种情况，除此之外，针对产品质量提出的异议也较为常见，相当一部分客户可能对价格不会过分挑剔，但是对产品质量却十分讲究。另外，针对发货时间、售后服务、货源、自身需求等方面的异议也是谈判者经常会碰到的事情。

不管是何种异议，大体上我们都可以把它分为两种：实质性异议和感情性异议。

实质性异议是符合逻辑、实际存在的，因为客户感觉到事实上就是这样的。比如，产品的款式差一点，或者是产品的价格高一点。

而另一类异议，是感情上的异议。感情异议背后的原因是情绪方面的，不是理智或事实方面的。例如，客户不那么喜欢你，或者是客户不喜欢你的公司，因为你的公司的一位业务人员曾经得罪过他，等等。这种感情性异议多为假异议。

在谈判过程中，从接触客户、商谈说明到缔结合约，每一个环节都可能遭到客户的拒绝，懂得处理拒绝的技巧，冷静地化解客户的问题，就能消除你与客户之间的障碍，达成协议。

2. 拒绝，既是障碍，也是成交信号

客户的拒绝其实具有两面性——既是成交障碍，也是成交信号。关键在于，要怎样做才能使对方妥协？我方如何提出一些能让对方可以说“YES”的理由呢？

处理对方的拒绝是一个过程，不仅仅是同意或不同意，而是要跟对方沟通和交流，要深思熟虑后再去处理这种拒绝。

在处理这种拒绝的时候，你在态度上要假装看不到冲突的威胁，要把冲突的威胁放到一边。因为有的谈判对手可能专门用这种虚张声势或威胁的方法使我方的阵脚大乱。当对方提出一个问题时，如果你的第一个反应是先拒绝他，那你就很难跟对方达成共识。应该认真了解对方的意图，了解到对方真正的拒绝理由之后，你可以跟对方说，如果自己站在对方的角度上，也会提同样的问题，说完之后再把自己真正的观点列举出来。

对方拒绝我们的提议一定有其理由，双方都有自己的标准，才会产生相应的拒绝。所以，找出真正的拒绝理由是做好谈判的第一步。以下是著名的销售大师杰弗里·吉特默经过多年销售工作总结出的认清拒绝然后克服拒绝的5个步骤：

（1）认真倾听对方提出的拒绝

首先要确定这是一种拒绝还是一种拖延。如果是真的拒绝，客户通常会反复重复，那么你要让客户把他拒绝的理由完整地叙述出来。

如果对方觉得我方的产品贵，在这种情况下，如果要想找出真正的原

因，可以用这种方法——聆听。如果对方说贵，不要与其争辩，不要打断对方，先让对方把话说完。你可以暂停说话，在谈判的时候，人的忍耐程度对这种安静场合是很有限的，一般人也只能忍耐7秒钟左右，时间太长就会有人站出来打破僵局。这时会有两种情况：

有一种情况是对方自己找台阶下，自己回答他自己的问题，不要求我方做答。这是一种理想的情况。另一种情况则是对方确认我方产品贵，而且对方也开始沉默不语，那么我方就要把这个话茬接下来。这时你所需要用的技巧是反问对方问题，而不要回答对方的问题。比如让对方界定贵的定义，待对方回答完一个问题之后，再问另一个问题，一个问题套一个问题，目的是找到真正的原因，了解对方还有无其他想法，比如付款问题、交货问题、是否要求我方再做让步等。找到真正的原因之后，再处理对方的拒绝。

如果你相信客户的拒绝只是一种拖延，那么你必须让他们说出拒绝的真正原因，否则你就无法有效谈判。如果你相信这是拖延并且想确认，试一试以下语句，这些语句能让你更清楚地看清事实：

——你是否真的是指……

——你告诉我……但我想你可能还有别的意思。

（2）确认这是否是真正的拒绝理由

在客户提出拒绝的时候，作为谈判人员的第一个反应，应当是通过提问了解客户拒绝的原因。当然客户大都不会告诉你真正的原因是什么，但是谈判人员可以通过客户回答问题的侧面了解到真正的原因，比如客户说：“你的这个方案不适合我们公司的情况。”谈判人员紧接着问：“你可以告诉我这个方案的哪些部分不适合你们公司吗？”或者是以不同的方式第N次问出同样的问题：“换句话说，如果不是因为……你就会购买我们的产品了吗？”

（3）为拒绝寻找解决方案

向客户提出一个包含解决方案的问题“那么，如果我能保证我们的质量”或“如果我能达到你的其他条件”，或者“如果我能让你看到我们产品在实际环境中的运转，你是否就可以做决定了呢？”又或者“那样我是否就能成为为你公司提供服务的一个候选人呢？”

（4）以假设的方式与客户交流

提出一些关于达成交易的问题。你提出的问题应该使对方在回答中确认成交。

“如果我能……你会不会……”是典型的问题模式。

“我非常肯定我们可以做到这点。我只要再回办公室最后确认一下就可以了。如果没有问题的话，是不是我们就可以成交了？”或“我可以和所有的决策人再见一面，以确认最后的问题。”

（5）对交易进行确认

对对方的回答进行确认，同时对交易进行确认（可能的话最好以书面形式）。比如：

——我们什么时候开始为好？

——你对送货时间有什么特别的要求吗？

——你希望我们把货送到哪里？

了解了客户拒绝的真相之后，事情就好办多了，这个时候，我们就可以把客户的拒绝分为两大类了。第一类是由于客户对你提供的产品或者服务了解较少而产生的拒绝；第二类是你提供的产品或者服务不能满足客户的需求。第一类情况比较好解决，但是有一个原则性的技巧，那就是不要告诉客户他的理解不对，这会使客户从心里感到不满。因为没有人喜欢别人说自己错了，即使他真的错了。

在谈判中，如果对方觉得我方的价格太高，不愿意接受我方的价格，这显然是对我方的一种拒绝。遇到这种情况要有耐心，不要与对方争论。可以先承认对方的观点。接下来可以说“不仅你说贵，某某人也说贵”。然后再向对方解释产品的功能、特点，告诉对方买我们的产品能够为其解决哪些问题，等等。沟通之后，对方就会觉得产品确实不贵。

谈判是追求双方利益的一种过程，因此双方都必须认识到，虽然冲突、磨合是不可或缺的，但是不管是我方还是对方，总有一方得妥协让步，总有一个人要说“YES”。

3. 连续肯定彼此的共同点——“苏格拉底说服法”

苏格拉底是两千多年前的古希腊著名哲学家。可以毫不夸张地说，苏格拉底是在与形形色色的人讨论各种各样的问题中度过了他的一生。他所创立的说服法，至今还被世人公认为“最聪明”的说服法。

苏格拉底的说服原则是：当与观点不同的对手讨论或辩论时，开始时不要纠缠彼此有分歧的问题，而是强调彼此相一致的共同点，当在各个相关点上都取得了完全一致后，对方原来的主张便不攻自破。

谈判时最忌讳的是刚刚开始对方就公然表达反对意见，说出“不”字。奥佛斯教授在他的《影响人类的行为》一书中指出：“不”是最不容易突破的障碍，当一个人在说“不”时，他所有的人格尊严，都要求他坚持到底，要想让他再同意别人的观点是相当不容易的。

这种心理反应是很明显的。当一个人说“不”，其内心也确实打算否定时，那么这简单的一个“不”字，还会伴随好多现象。他的身体的整个组织——内分泌、肌肉、神经——完全呈现出拒绝接受的状态。但是当一个人说“是”的时候，却不同于上述的反应，他的心理、神经、肌肉都不会有什么紧张的反应。这时他的机体呈现的是一种前进、接受和开放的状态，这种状态下，对于别人的话、别人的行为，他才易于接受。

所以，我们要想在谈判中说服对方，要使对方在一开始就具有肯定的态度，越多得到“是、是”的回答，越能达到我们谈判的目的。

有的时候你的问话让对方说“是”和“不”都可以，但对方往往选择后者，要是这样的话，你的谈判在开始时便结束了。当对方说“不”的时候，他不会考虑太多。事后即使他发现错了，然而出于自尊，他仍得坚持自己的说法，而不是想法，所以他口头上还得“不”下去。

美国明尼苏达大学的马可·辛德和麦可·康尼汉做了一项实验。他们随机打电话给30个人，问他们是否愿意回答公共服务机构的8个问题，结果有25个人愿意。接着他们又打电话给另外30个人，问他们是否愿意回答50个问题，结果有24个人拒绝。

过了两天，他们以另一研究机构的身份，打电话给第一批愿意回答的人，问他们是否愿意回答30个问题，结果近70%的人表示愿意。接着又打电话给第二批拒绝回答的24个人，问他们是否愿意回答30个问题，结果．只有3个人同意。

这项研究证明：开始说“是”的人，他就会继续说“是”。相反，开始说“不”的人，就习惯于一直说“不”。

所以，一个谈判高手在说服对方时，所提的问题要便于对方用赞同的口吻来回答，也就是说，谈判者要让对方对自己所提出的一系列问题，连续地回答“是”，这样就会把对方的心理导入肯定的方向。

下面是一位成功的推销员的开场白。

“好可爱的猫儿，你一定很喜欢它吧？”

“对呀！”

“毛色真是洁白，你对它的照料一定很周到吧？”

“是啊。”

遇到爱猫的人，就可以非常顺利地与对方搭上腔，这种方式确实能引起对方的共鸣，从而引导对方做肯定回答，再逐渐转移话题，“言归正传”切入正题，自然而然地转向我们的观点。

美国总统林肯以超强的说服力而著称。他的秘诀就是，在说服开始时，“先找到一个共同的赞同点”。一位记者评说林肯的演讲时写道：“在前半小时，他使反对者同意他所说的每个词。接着，他从那里开始领着他们往前走，最后一点一点地把他们全部引入自己的思维里。”

运用“连续肯定法”时，要求谈判人员要有准确的判断能力和敏捷的思维能力。每个问题的提出都要经过认真地思考，特别要注意双方对话的结构，使对方沿着自己的意图做出肯定的回答。

一定要创造出让对方说“是”的气氛，要千方百计避免对方说“不”。因此，提出的问题应经过认真考虑，不可信口开河。

例如，有一推销员与顾客之间发生了这么一场对话：

“今天还是和昨天一样热，是吗？”

“是的！”

“最近通货膨胀，治安混乱，是吗？”

“是的！”

“现在经济这么不景气，真叫人不知如何是好！”

这一类问题虽然很正常，不论推销员如何说，对方都会回答“是的”，好像已经创造出肯定的气氛，可是他说话的内容，却已经制造出I.种令顾客无心购买的否定悲观的气氛。

也就是说，顾客在听到他的询问后，会变得心情沉闷，当然什么东西也不想购买了。

要使对方回答“是”，提问题的方式也是非常重要的。什么样的发问方式比较容易得到肯定的回答呢？最好的方法应是：暗示你所想得到的答案。

比如，在推销商品时，不应问顾客喜不喜欢、想不想买。因为你问他“想不想买”、“喜不喜欢”时，他可能回答“不”。因此，应该说：“你一定很喜欢，是吧！”

当你发问，对方还没有回答时，自己可以先点头，你一边问一边点头，可诱使对方做出肯定回答。

如果谈判对手已持有较固执的见解，直来直去地说服，往往会“碰钉子”。聪明的办法，是将注意力从对手敏感的问题上引开，寻找一些共同语言，先攀谈一会儿。

卡耐基曾讲过这样一个故事：

有一位美国人詹姆士·艾伯森，是银行的出纳员。一天，银行来了一位年轻人，要求办储蓄业务。可当艾伯森要他填写存款单时，他竟然对有些栏目拒绝填写。

艾伯森灵机一动，说道："你不愿填的那些栏目也不是非填不可。"然后，话锋一转："但是，假如你发生了意外，是不是愿意银行把钱转给你所指定的亲人？"

年轻人说："是。"

"那么你是不是愿意把这个亲人的名字告诉我们，以便我们可以及时处理？"

"当然愿意。"年轻人又答道。

这时，年轻人已经忘了刚才的态度，高兴地填满了所有栏目。

同理，在谈判中，只要从对方谈话的内容中，找出我方也能够接受的部分，就从那个地方开始谈起。

比如，发觉在"购买数量"方面，对方大致上与我方相同，不妨将"购买数量"当作谈判的第一个主题。或者，对方提出的交货时间与我方的预约时间一致，那就从"交货时间"这一点开始谈起。

虽然未必每次都可以找到彼此在意见上的共同点，但不管是多么小的事项，只要在此方面产生了共识，就可以将此当作共同努力的起点，进而使双方产生"同舟共济"的感觉。

4. 在两者之中做出选择——"惠勒说服法"

当你让人们在两者之中做出选择的时候，他们通常选择其一，他们很少做出第三种选择，即两个选择都不接受。

这种技巧尽人皆知，甚至小孩子都用过它。"爸爸，你是今天晚上带我去电影院还是明天去？"孙子走进冰激凌店的时候说："爷爷，我们今天要两份还是三份？"

美国著名演说家赫拉曾这样说过：

“在竞选中，对那些正在犹豫该投票给谁的选民说：‘选择我，还是选择对方？’这种两者择一的方法并不高明，而是应该对选民说：‘你们是要选我，让这个社会更为繁荣呢？还是要选择反对派的那名候选人，而使经济变得更为萧条呢？’”

在众多的候选人当中，与其说服选民来选举自己，不如挑选出一个对自己较有利的候选人，让选民只在他与自己之间进行比较，这时选民会产生除了这两个人可选择以外，再别无他人的错觉。让选民放弃还有其他选择的可能性后，再迫使选民放弃选择自己不希望的那一个。

“二选一”的秘诀最初是由销售训练师艾米尔·惠勒最先提出的，因此也称为“惠勒原则”。还是让我们免费听一听这位大师每小时 500 美元的课吧：

我们和客户约定见面的时间时，恰当的方式是使用“二选一原则”。也就是，提出两个见面的时间来让客户选择，不要问客户有没有空，而应该问他哪个时间有空。你可以问客户：“请问你是明天上午有空还是下午有空呢？”

当你问完这个问题后，如果客户说这些时间都没有空，你还要一直持续地问下去：那你后天的上午什么时候有空，还是后天的下午什么时候有空？每一次都给他两个时间去做选择，而不要只问他有没有空，你应该问在两个时间段什么时间有空，一直问下去，直到他告诉你什么时候可以去拜访他为止。

有一位名叫赛姆的汽车推销员听了惠勒的训练课后，深受启发。“忽然间，我的脑袋像是开了窍，我知道该怎么做了。”他惊喜地说。以后向客户推销汽车时他就经常使用这种方法。

在此之前他总是这样说：“彼特先生，只需付 35000 元，这辆车就归你了。你看怎么样？”结果客户并不能轻松地做出决定，他也许需要时间考虑考虑。

学过惠勒的“二选一原则”，赛姆与客户约翰尼进行了下面一段对话，卖出汽车就顺理成章了。

赛姆：“你喜欢两个门的还是四个门的？”

约翰尼：“哦，我喜欢四个门的。”

赛姆：“你喜欢这两种颜色中的哪一种呢？是红的还是黑的？”

约翰尼：“我喜欢红色的。”

赛姆：“你要带调幅式还是调频式的收音机？”

约翰尼：“还是调幅式的好。”

赛姆：“你要车底部涂防锈层的还是不涂防锈层的？”

约翰尼：“当然是涂防锈层的了。”

赛姆：“是要染色的玻璃还是不染色的？”

约翰尼：“那倒不一定，还是染色的吧。”

赛姆：“汽车胎要白圈还是银圈？”

约翰尼：“银圈的吧。”

赛姆：“我们可以在10月1日上午8时到12时或下午3时到6时之间按您的要求交货。”

约翰尼：“10月1日8时到12时最好。”

赛姆运用这个方法的妙处在于，以咨询的方式将选择的权力委之于客户，不管规格大小也好、颜色也好、数量也好、送货日期也好，让客户任选一种，只要客户答出其中一种，即可以认定他已经决定接受了。

在这里，赛姆所问的一切问题都假定对方已经决定买了，只是尚未定下来买什么款型的。

使用“二选一原则”会使客户产生一种主动感或参与感，觉得这是他自己的选择，而不是商家硬要卖给自己的。

绝对不要问只有“是”与“否”两个答案的问题，除非你十分肯定答案是“是”。

例如，不要问客户：“你想买双门轿车吗？”而要问：“你想要双门还是四门轿车？”

如果你用后面这种二选一的问题，你的客户就无法拒绝你。相反，如果你用前面的问法，客户很可能会对你说“不”。

下面再看几个二选一的问题：

“你比较喜欢3月1号还是3月8号交货？”

“发票要寄给你还是你的秘书？”

“你要用信用卡还是现金付账？”

“你要用货运还是空运？”

你可以看见，在上述问题中，无论客户选择哪个答案，你都可以顺利做成一笔生意。你可以站在客户的立场上来想这些问题。如果客户告诉你他想要蓝色的车子，他会用支票付款；他希望3月8日把货运送到他家之后，就很难开口说：“噢，我没说我今天就要买。我得考虑一下。”因为一旦他回答了上面的问题，就表示他真的要买。

另外所提出的选择最好不要多于两个，如提供的选择太多，会使客户看花了眼而难以定夺，这虽不至于使其完全丧失买意，也会在相当大的程度上影响成交。

如果确保把选择限制在两个以内，第三个选择就不起作用了，所以你要把第三个选择删掉。

比如，如果你做汽车生意，对方要购买一批运输车，你有载重量2吨的、4吨的、8吨的……当对方想买又没有完全表示肯定的时候，你可以问：“4吨的和2吨的，还是4吨的比较好吧？”或是说：“我觉得刚才那辆颜色太暗了，所以还是在红和白之间买吧。你喜欢哪一个？”

如果你卖房子，买主看了三套还拿不定主意，你可以说：“我觉得你不喜欢第一套那个主卧室，你还是从后面两套选择吧，你选哪一套？”或是其他事宜都进行得顺利，只在付款的期限问题上对方很犹豫，于是你可以问：“分期付款的期限，是5年的，还是3年的好呢？”

用这种二选一的问话，可以使对方的答案得以控制，可以使你所掌握的主动权更大。

你还可以用这种技巧消除反对意见。如果你卖房子，买主说：“我们永远都不买这套房子，看那难看的绿墙。”于是你提出两个选择，“如果你买了，是想自己刷墙，还是找油漆匠刷墙？”无论他做出什么选择，你都赢了，不是吗？他会吹嘘说自己比油漆匠干得好又省钱，或者他告诉你他得去干更重要的事，没时间刷。他说什么都没有关系，因为无论如何你已经消除了他的反对意见。

请你相信惠勒说服法，在谈判中试试这个方法吧。

6. 谈判中的魔力句式——假设说服法

谈判常用语中有一句“魔力句式”，谈判人员应用这种句式，可以使谈判效果倍增。这种“魔力句式”是假设句式，即“如果……那么你……”

大家在电影中看到法庭上律师问话时，常会提到“如果”两个字，例如：

“如果这是事实，为什么当事人没有销毁证据？”“如果他真的看到了，为什么没有前去制止？”他们之所以常使用这种“如果”句式，是因为当听到“如果”两个字时，人们的潜意识就会开始去思考“为什么”，并设法找出答案，而这个过程通常可以让人产生新的想法，得出不同（而且是律师想要）的结论。

当我们坐上谈判桌，发现对方想法和我们非常不同时，也可以使用这种“如果”句式，引导对方慢慢了解我们所提的事项。

例如我们可以询问对方：

“如果是你遇到这样的情况，是不是也会这样处理？”

“如果条件是这样，我想你也会认同吧？”

“如果你要购买的话，你愿出多少钱呢？”

通过这类假设问题，观察对方的反应和回答，我们可以进一步探究对方的想法，并且使用这种方法和对方进行沟通时，可以让对方感受到“亲切”而拉近距离；可以让对方认为我们信任他，并希望顺他提供的意见进行考虑，无形中敌我分明的分界线就模糊了。

“魔力句式”不仅可以将谈判向前推进，还可把谈判引入最后交易阶段，在不知不觉中同客户达成协议。我们再来看一则“魔力句式”的对话：

“先生，如果你要买的话，你愿出多少钱？”

“我顶多拿 70 块钱，多一点儿我也不想要。不过我现在还没决定买。”

“嗯，我知道。要是你需要我公司的产品，在这两个样品当中，你对哪种更感兴趣？我没有强迫你买的意思，只是问问而已。”

“我看这种不错，外形美观大方、功能齐全，把另外一个的优点全包括了。而且，价钱又不是很吓人。”

“我就知道你肯定会选这种，它是我们公司的最新产品，曾获得发明大奖，在国内可是第一流的！”

“是吗？不过看来确实名不虚传。”

“你如果要买的话，你会买多少呢？你们是批发单位，想必不会少于 5000 个吧！”

“哎哟，可别把我吓死。我们这么一个小批发单位，怎么会要 5000 个。不过，我想 2000 个还是可以考虑的。”

这就是“魔力句式”在商业谈判中的应用。现在，我们可以将上例重温一遍，看看谈判人员是怎样应用“魔力句式”，把推销过程一步步向前推进的。

我们从上例可以看出，谈判人员只不过应用了几次“魔力句式”，就把推销的关键点确定下来了，诸如购货的价格、品种、所需数量，一笔交易就这样轻而易举地达成了，从中可见“魔力句式”的实际功效。

“魔力句式”为什么会产生这样神奇的效果呢？这主要是出自心理方面的原因，“魔力句式”是假设句式，谈判人员用这样的句式询问对方时，对方在内心中就不会把它当成真正的交易，并感觉有退一步的余地。既然是“如果”，表示事情还没确定，就算对方不满意我们的“如果”也没关系，反正这只是假设，一切都有再讨论的空间。

应用“魔力句式”，即使是那些常常有抵触情绪、常说“不”的客户，由于处于轻松的氛围中，也会改变平常的态度，出人意料地接纳推销人员。

这类假设没有强迫客户一定要购买某种产品，因此客户也会做实事求是的回答，而不必在内心建立起防卫的屏障，这样客户就会顺着推销人员的思路思考，轻松地回答“魔力句式”所询问的各种问题。

我们还要养成经常这样说的好习惯：“难道你不同意……”

例如：“难道你不同意这是一部漂亮的车子？”“难道你不同意这块地可以看到壮观的海景？”“难道你不同意你试穿的这件貂皮大衣非常暖和？”“难道你不同意这价钱表示它有特有的价值？”当客户赞同你的意见时，就会衍生出肯定的回应。

需要提醒的是，谈判者在使用“魔力句式”时，要注意多加变化，不要一味生硬地套用“如果……那么……”的句式，可以将句式变成“要是……你就会……”或者干脆什么关联词也不用，只要有假设意味就行了。谈判者无论使用什么技巧，都不要生搬硬套，随机应变才是说服艺术的最高境界。

6. 假定自己会成交——认定说服法

在整个谈判过程中，你要不断地假定已经成交。从开始接触客户到成交，你都要这样假定——假定自己会成交的次数越多越好。你要百分之百地肯定客户会买，不确定的只是合同条款、送货时间等细节而已。

当你不断假定这笔生意会成交，你的行为就会以成交为目的。于是，你把一个个信号传播到客户的潜意识里，驱使他们购买你的产品。

假如你是一个正想戒烟的人，当你走入某家商店，一位女营业员问你：

“先生，你买不买烟？”

这时，“买烟”与“不买烟”的思想斗争就会在你的头脑中展开。最后，或许你戒烟的自我控制力会获得胜利。

或者，这位女营业员会换一种方式问：

“先生，你不买烟吗？”

这时，你就会简单干脆地回答：“不买！”因为你的头脑中拒绝买烟的思想立即付诸了行动。

如果这位女营业员再换一种方式问道：

“先生，你抽什么牌子的香烟？”或者“先生，我现在就拿烟给你吗？”

在这种情况下，你可能就会情不自禁地回答：“来一包吧！”

为什么你的心理状态并没有发生变化？只是因为女营业员三种不同的问法而使你选择了不同的做法吗？

原因就在于，女营业员的第一种问法是在间接地提醒你，你可以对她的建议持反对意见，换句话说，她间接导致了你的对立和抵触情绪；女营业员的第二种问法则明白地告诉你，你可以拒绝她的建议，即她直接地唤起了你的对立抵触的情感；而女营业员的第三种问法却机智地把你的注意力从“买不买烟”的问题上引到了“买什么牌子的烟”、“什么时候买烟”的问题上来，从而排除了你在思想上产生对立和抵触情绪的问题，并引发出不买会难为情的情感来。这样，你往往会在缺乏斟酌的情况下，轻易地接受她的建议。

在假定成交时，你可以运用一些说话技巧。下面几种技巧，各行各业的谈判者都可以交替使用：

“我会直接把发票寄给你。”

“请在这里签字，写用力一点。”

“我要恭喜你做了明智的决定。”

“我会把它当成礼物包起来给你。”

上面的技巧要在对方同意买你的产品之前使用。它们十分管用，你只要假定对方将要买你的产品即可。也就是说，作为谈判人员与顾客的交谈不应是“你要这件产品吗？”而应该是“你需要什么？我什么时间给你好？在哪儿交货好？”

例如，一位保险经纪人可能会说：“我将为你填写汽车保险单。”一位电视推销员可能会说：“你不妨边考虑边看，我们的产品很畅销。”

这类的陈述应该收藏在你的身边，以便随时取用。

一家男子衬衫制作公司的业务员到男士服饰店盘存，他告诉店主："你需要一打以上大号的白衬衫，半打中号白衬衫，四件小号白衬衫。然后，蓝衬衫……"

请注意，他并没有问："你需要再订购些衬衫来补足你的存货吗？"

同样的道理，股票经纪人会说："我们已经赚进了丰厚的利润，现在我们该以每股40元的价钱卖出XYZ公司2000股的股票，再以10元一股买入ABC公司8000股的股票。"

此处，股票经纪人会假定已经成交。他不问："你想要卖XYZ公司的股票吗？"或"你想买8000股ABC公司的股票吗？"

这类方法有人称之为"尝试成交"。其实，这样的叫法并不好，因为它暗示你只是去试探看看客户是否准备购买你的产品。而你不应该只是试探——当你认为客户已经准备买你的产品时，你应该试图完成这笔交易——每个试图都是真的，不是试探。

当然，如果你假定客户已经准备要买了，却没有做成这笔生意，你只要重新整合说辞，提供更充足的理由让客户意识到应该当场决定购买。

当一个顾客在商场试穿西服时，营业员不要去问："你是否要买？"而要领着顾客到镜子前让他自己看看。"你瞧，这衣服你穿上真合身。"营业员边说还边扯顾客的衣角，又说："我们现在去量尺寸吧。"

营业员喊来裁缝——仍没有忘记扯着顾客的衣角——问道："你瞧，他穿这件如何？"

"很好，我现在就为你裁。"裁缝说着，一边量着尺寸，一边拿起笔在衣服上划起来。

"腰部合身吗？"营业员问道。

"是的，这样很好。"顾客答道。

"先生，裤子就这么长你看如何？"营业员又问。

"啊，当然。"顾客回答道。

"先生，你喜欢有反褶的裤脚吗？"营业员问。

"不喜欢。"顾客答。

“这套衣服做好需多长时间？”营业员问裁缝。

“星期四就可以来取了。”裁缝直接告诉顾客。

“这身衣服看起来很适合你。”营业员最后又说了一遍，并赞许地点点头。

“随我到领带室来，我为你选一条配套的领带。”营业员说着，拉着顾客的胳膊，走进领带室。

在上面的例子里，营业员一次又一次采取假设成交的方法。从假设顾客要照镜子到顾客要量尺寸，又到确定取衣服的时间乃至最后要配领带，无一不是营业员假设的结果。

顾客没有说出“不”字，也就默然同意了。营业员知道此时这笔生意已十拿九稳了。

营业员在确认这件生意能成交之前，一直没有停止采用假定的方法，到顾客走出商店的时候，他还未停止推销：“请下次来时一定再找我。”这里，营业员又一次假定顾客会再来。

成交的关键时刻，顾客常处于不正常的情绪状态。因此在成交时刻，营业员的言语及行动必须非常肯定，绝对不能迟疑。营业员一旦迟疑、犹豫或是模棱两可，顾客会完全受到感染。因此，营业员必须表现出坚定的态度，绝对的语气和十足的自信。当顾客感受到同样的情绪之后，随之而来的自然是成交。

7. 让请求以问题的形式出现——接近说服法

所谓的“接近说服法”，是指让你的请求以问题的形式出现，利用所提的问题引起对方的注意和兴趣，并引发讨论，从而促成合作的方法。

你也许听说过哈佛大学心理学教授艾伦·兰格所做的那个著名的实验。它以一个大学图书馆为背景：很多人排队等着使用复印机，这时她让一个人走到队伍前面，对大家说：

“我要先复印一下，因为我需要印几份东西。”大约30%的人同意这个人排到自己前面使用复印机。而如果这个人说：“对不起，能让我先来吗？因为我着急需要复印几份。”这时，几乎95%的人都同意让这个人先印。

这里，起决定因素的就是这个“问句”。说服对方的最佳方案是先抛出一个问题，再说出一句“因为”。可见，只有当你的请求以问题的形式出现时，才能够发挥出最大的力量。正因为使用了“问句”，人们才像巴甫洛夫实验中的小狗一样，条件反射般地允许他排在自己前面！

同样的道理，在谈判中巧妙地使用“问句”，对方通常立即就会有积极的反应，同意你的意见。

提问时，你可以先提一个问题，然后根据对方的反应再继续提出其他问题。例如，你可以问：“张经理，你认为企业目前的产品质量问题是由于什么原因造成的？”产品质量自然是经理们最关心的问题，经你这一提问，可能会引起你们之间关于提高产品质量的讨论，无疑将引导对方逐步进入实质性的商谈阶段。

你也可以一开始就提出一连串的问题，使得对方无法回避。例如，美国某出版社的一位女营销人员，总是从容不迫、平心静气地提出下述问题来接近顾客：“如果我送你一套关于提高个人效率的书籍，你打开书后发现内容十分有趣，你能读一读吗？”“若你读了以后非常喜欢这套书，你会买下吗？”“若你没有发现其中的乐趣，你将书籍塞进这个袋内给我寄回，行吗？”这样的开场白简单明白，使顾客几乎找不到说‘不’的理由。

通过提问，你一方面可以启发对方认识到自己的需求，另一方面又顺便介绍了自己的产品，因此这是一种比较有效的接近方法。

运用“问题接近说服法”的关键，是发现并提出问题，发现了问题就找到了方法，提出了适当的问题就意味着接近了成功。

美国一位销售员遭到客户拒绝时就提出一个问题：“你听说过威斯汀豪斯电器公司吗？”零售商和批发商都会说：“当然，每个人都知道！”销售员接着又问：“你知道他们有一条固定的规则吗？那就是，该公司的采购人员必须给每位来访的人员一小时以上的谈话时间，因为他们怕错过好的东西——你是有一套比他们更好的采购制度，还是害怕看到好东西？”

某自动售货机公司要求其营销员出门携带一块 6 平方尺的厚纸板，见到客户就打开铺在地面或桌子上，纸板上写着：“如果我能够告诉你怎样使这块地方每年收入 20000 美元，你会感兴趣吗？”

当然，提出问题必须精心构思，刻意措辞。事实上，有许多谈判人员养成了一些懒散的坏习惯，遇事不动脑筋，不管接近什么人，开口就是：“生意好吗？”有位公司负责采购的人做了一个统计，在一天里来访的 14 名推销员中，就有 12 位是这样开始谈话的：“近来生意还好吗？”这该是多么平淡、乏味！

有针对性地提问是一种谈话的艺术，谁掌握了提问的技巧，谁就懂得了买卖的艺术。

8. 先踏一脚入门——渐进说服法

先让对方答应一件小的事情，然后再让对方答应那件大的事情，这样人们就更容易接受。这是一种在对方还没有觉察的情况下，就使他失去反抗力的办法，被称为“渐进说服法”，又叫“踏一脚入门法”。

你想走进一间房子里，却遭到主人拒绝，你可以先说服主人让你的脚踏进门槛，再说服他让你的一只脚踏进门槛，再进一步说服他让你进到屋里去。这就是说，在遇到与被说服对象的观点差距较大的情况时，可以循序渐进地提出自己的要求；先提出较小的要求，待他接受以后，再提出较大的要求，就更容易达到改变对方态度的目的。因为接受了较小的要求后，由于人的“同化反应”在起作用，对方就难于拒绝接着而来的较大要求。

美国心理学家曾在加州的帕洛阿尔托做过一个著名的试验：为了表达对交通安全的支持，他要求一些被测试者在自家的窗前摆放一个小纸牌标语。那些最初同意这一要求的人，后来大多数都同意在自家院里竖起一块大的交通安全标志，虽然这得让他们在自家草坪上刨几个不小的洞。与此相反，那些起初未被要求在自家窗前摆放小纸牌标语的被测试者，90%的人都拒绝了要在他们院子里挖洞摆放交通安全标志的要求。

在一般情况下，先提出较小要求，人们总是容易接受的。接受了较小的要求，也就等于缩短了说服人与被说服人之间的差距，以此逐步地提出最终要求，对方也就不会感到惊奇，不会觉得不可接受了。再说，人的自我意识具有维持自身形象一致的倾向，答应了较小的要求，就不愿再拒绝较大的要求，因为再拒绝较大的要求，就会给人留下出尔反尔的印象，这往往是自我意识所不允许的。

澳大利亚墨尔本发生过这样一件事：

女记者帕兰打算去采访一位很有地位的人物，想请他就海洋动物保护问题做 15 分钟的谈话。但这位重要人物非常忙，如果知道采访要占用他 15 分钟，很可能就会拒绝。帕兰该怎么办呢？

帕兰采取了“踏一脚入门”的说服技巧。她先打了个电话：

“在百忙中打扰你很过意不去，我们想请你就海洋动物保护问题谈谈看法，大概只要 3 分钟就够了。听说你日常安排极有规律，每天下午 4 点都要走出工作室到户外散散步。如果可能，我想是不是可以在今天下午的这个时候去拜访你。”

帕兰的小要求被接受了。于是帕兰如约前往，采访于当日下午 4 时准时进行。当帕兰从这位要人的宅第出来时，时间过去了整整 20 分钟，也就是说，这位要人破例和帕兰谈了 20 分钟；而对帕兰来说，把 20 分钟采访内容编辑成 15 分钟的谈话内容，材料已足够了。

这种方法也适用于抵触情绪强烈的个体之间——比如你和你的孩子。顽皮的孩子经常找借口不做作业，不打扫房间。此时你先提出一个容易完成的要求，可能就有利于说服孩子做进一步的行动了。比如，要求孩子和你一道做作业；或是让他先把心爱的玩具放回盒子里。如果孩子自愿同意了要求，而不是被你的权威所迫，那接下来要求他们完成全部任务就能水到渠成了。

这个技巧也能用在谈判中。让对方降价时，可以说“再少一块钱也行”。对急于结束谈判的客户可以说“只要再说几句就好”。这样的尝试，相当于抛砖引玉。

9. 先大后小的心理——渐退说服法

上文所说的渐进说服法是先小后大，而渐退说服法正与其相反——先大后小。即先向被说服者提出一个较大的要求，待他拒绝后，再提出一个较小的要求，他就可能容易接受。

比方说，你想说服别人借给你 300 元，你可以先向他提出借 1000 元的要求，遭到拒绝后，待他向你解释原因时，你就可以说："既然 1000 元有难度，那借 300 元总还可以吧！"这样，他就有可能会答应你这一较小的要求，你就能顺利地借到这 300 元。

这个道理很简单，因为每个人都希望给他人留下一个比较好的印象，使人感到他是一个好人。如果他发现自己的某些行为没有达到这一目的，引起了不良反应，那他就会改变自己的行为，以纠正人们对自己的不良印象。很显然，当你提出了较大要求的时候，对方是很难从命的。但是，拒绝了你这一要求，又意味着得罪了你，给你留下了不好的印象。这时，你再提出一个较小的要求，就等于给了他一次纠正不良印象的机会，从维护自己自尊的角度出发，他就有可能答应你的小要求。

如果你是一位主管，想将一位不打算重用的职员降调到 A 分公司，如果仅是对他说："我将你调到 A 分公司去。"那他内心必定会有被放逐的感觉，但如果你说："我本想派你到 A 分公司或 B 分公司，但我考虑的结果还是认为 A 分公司比较恰当，因为 B 分公司对你来说太远了，可能不太方便，所以还是让你到 A 分公司去。"

这样一来对方就不会有被流放的感觉。

其实，当你采用先大后小的方法说服别人时，你已经不自觉地运用了"障眼法"，即把对方的注意力从"拒绝不拒绝"的问题巧妙地引到了"拒绝多少"的问题上去了。

这种方法的要点在于如何选择比较的对象。如果两者差异很小，就不容易产生比较的效果。

有一家一直蒸蒸日上的公司，今年的利润竟大幅滑落。这不能怪员工，因为大家为公司拼命的状况丝毫不比往年差，甚至可以说，由于大家意识到经济不景气，所以每个人干得都比以前更卖力。

这也就越发加重了董事长心头的负担。因为，马上要过年了，照例，年终奖金最少加发两个月工资。今年可惨了，算来算去，顶多只能给一个月工资的奖金。要是让员工知道，士气真不知要怎样滑落！

董事长忧心忡忡地对总经理说："许多员工都以为最少会加发两个月奖金，恐怕飞机票、新家具都订好了，只等拿到奖金就出去度假或付账单呢！"

总经理也愁眉苦脸地说："好像给孩子糖吃，每次都抓一大把，现在突然改成两颗，孩子一定会吵。"

"对了！"董事长突然灵机一动，"你倒使我想起小时候到店里买糖，总喜欢找同一个店员，因为别的店员都先抓一大把拿去称重，再一颗一颗减。那个比较可爱的店员，每次都抓不足重量，然后一颗一颗往上加。说实在的，最后拿到的糖没什么差异，但我就是喜欢他这种做法。"

没过两天，公司突然传出小道消息：

"由于业绩不佳，年底要裁员。"

公司中顿时人心惶惶。每个人都在猜，会不会轮到自己。最基层的员工想："一定由下面裁起。"上面的主管则想："我的薪水最高，只怕会从我开刀！"

但是，第二天总经理就做了宣布："公司虽然艰难，但大家同乘一条船，再怎么危险，也不愿牺牲共患难的同事，只是年终奖金，不可能发了。"

听说不裁员了，人人都放下了心上的一块大石头，不至于卷铺盖回家的窃喜，早压过了没有年终奖金的失落。眼看除夕将至，人人都做了过个穷年的打算，彼此约好拜年不送礼，以共度艰难时光。突然，董事长召集各部门主管紧急开会。员工们面面相觑，心里都有点七上八下："难道又变卦了？"

没几分钟，主管们纷纷冲进自己的部门，兴奋地高喊着："有了！有了！还是有年终奖金，整整一个月工资，马上发下来，让大家过个好年！"

整个公司大楼中，爆发出一片欢呼声，连坐在顶楼的董事长，都感觉到了地板的震动……

这是一个期望值的问题。利用期望值进行谈判的关键是要给对方一个合理的期望值，让双方的期望值朝着一个方向努力，努力把鸿沟缩小，最好能达成一致。期望值得到满足的时候，就会产生动力。而期望值得不到满足时，就会产生失落感和挫败感，谈判也不会出现双赢局面。

10. 言与行的一致性——承诺说服法

在美国总统大选中，整个美国都在关注着大大小小的竞选演说。单个选民出席与否、支持谁，都会对结果造成很大影响。

那么，怎样才能最简单地说服选民去投票呢？

其实只要事先问问选民会不会去投票，为什么会去投票，就能得到答案。安东尼·格林沃德和同事在某次选举前夜做了调查，那些被问到上述问题的人出席率比普通人要高25%。

有两个心理因素在影响他们的行为：

第一，当问到他们是否会做出社会所希望的行为时，他们会觉得必须回答"是"，以赢得社会认同。因为社会认为参加投票是每个公民的义务，所以人们很难说出"不想去投票、想在家里看电视"的话。

第二，人们公开宣称自己会做出社会希望的行为后，为了言行一致，他会去履行这个承诺。举个例子，一家餐馆通过更改订餐的接待用语，减少了订餐不到（预定了席位，但没有到场，也未打电话取消）顾客的数量。他们把"如您不能前来就餐，请致电我们帮您取消"改为"您若不能前来就餐，会打电话给我们取消吗？"几乎所有的顾客都表示会打电话。更重要的是，一旦说出了这样的话，顾客就会觉得自己有责任履行承诺。因此餐馆的订餐不到率从30%降到10%。

让支持自己的选民前去投票也一样简单。只要让人给这些选民打个电话，问他们“是否会在下次选举中去投票”，你就等着他们说“是”吧。当然，如果打电话的人再加一句“太好了，我已经记下你的答案了。我会让其他人知道的！”那就更能保证支持者会去投票了，因为这句话有三个能巩固承诺的因素，即承诺的自愿性、活跃性和公开性。

某大型直销公司在激励员工创造新销售纪录时，提出了一个很好的建议：把制订好的目标写在纸上。不管是什么目标，关键是只要有就行，这样才会有努力方向。写在纸上的东西具有神奇的力量。所以，一旦有了目标，就请写下来。达到目标后，再制订下一个，再写下来。这样你就会在前进的道路上飞奔起来。

为什么把目标写下来有利于我们兑现承诺，即使这个目标只对我们自己公开？

因为，积极承诺比消极承诺更能让人们履行责任。

为了证实这种说服力，兰迪与迪莉雅对一些大学生进行了调查。她们询问大学生们是否愿意充当志愿者，去为当地学校进行艾滋病知识普及。兰迪和迪莉雅告诉其中一组，如果他们愿意，请填写申请当志愿者的表格。相反地，他们告诉另一组学生，如果愿意去，口头答应就行。

实验人员发现，不论学生接受的是前一个意见征询方式，还是后一个，对其是否同意人做志愿者并无太大影响。但在之后的知识普及活动中，出席率却表现出了明显的差异。在第二种口头表示愿意当志愿者的学生中，只有17%的人遵守了承诺。那些以书面形式表示愿当志愿者的学生中，则有49%的人遵守了承诺。总的来看，出席活动的人中有74%都是做出积极承诺的学生。

为什么说把承诺写下来会赢得更多的出席率？因为人们通常会根据行为来评价自己，其中，“有所为”比“有所不为”更能影响他们的判断。在上面的实验中，兰迪和迪莉雅发现前一组学生更容易认为是自己的人格特质、喜好和观念让自己做出如此决定。

这种书面的积极承诺对增强谈判说服力有什么作用？这就是让与会人

员对同意的事项进行书面确认。一切能形成文字材料的东西都要记录下来，这种书面承诺对合同的兑现有极强的约束力。

第五章 “讨价还价”中的“虚虚实实”

商品的价格，犹如一块战略要地，谈判双方对于此处都是既敏感又势在必得。

1. 多谈价值，少谈价格

在日常的买卖活动中，人们习惯于把讨价还价连起来说，但在谈判学上，讨价和还价是两个不同的概念。以买方为例，讨价是指卖方报价后，买方不同意卖方的报价，要求卖方重新报价。还价是指卖方报价后，要求买方报价，买方报出自己希望成交的价格。买方讨价是要求卖方降低价格，卖方讨价是要求买方提高价格。

卖方报价的合理性、真实性、科学性都会直接关系到与买方交易的成功与否。

报价时，从卖方来说，一般的报价是最高的可行价。从买方来说，一般的报价是最低的可行价。

卖方的报价为什么要取最高的？也许你认为这个问题很低级，但真的有许多谈判人员总是怕报高价格，他们害怕在首轮谈判中就被淘汰出局而永远失去机会，如果你对报高价格心存恐惧，那就看看以下理由：

——留有一定的谈判空间。在谈判中，你可以降价，但不能涨价。

——你可能侥幸得到这个价格（在信息社会这个可能性越来越小，但试试又何妨）。

——除非你很了解你的谈判对手，否则在无法了解你的谈判对手更多的情况时，开价高一定是最安全的选择。

——这将提高你产品或服务的价值（尤其是对不专业的客户）。

谈判最主要的法则之一就是：在开始和对手谈判时，你所开出的条件一定要高出你的期望。亨利·基辛格在这方面是高手，他甚至会告诉你："谈判桌上取得的结果完全取决于你能在多大程度上抬高自己的要求。"

不过，我要强调，报价报得高，也必须是合乎情理的，也是要能够讲得通的。要注意报价不能漫天要价，信口开河，随心所欲。任何一个报价，必须讲出道理来，说出个"所以然"来！如果讲不出更多的理由，则会不利于整个洽谈过程，反而会使买方认为，这是无诚意的表现。如果买方据理质问，将无言可答，使自己陷于被动，有失面子，丧失信誉。而且，结果还是要被迫做出让步。应该做到：既不能被人看低了，也不要把人吓跑了。

这里的"最高可行价"不是一个绝对的概念，而是相对的，必须随着市场的行情变化而变化。

我认为，报价时应注意以下原则：

（1）先价值，后价格

价格由两个因素决定：一个是价值，一个是供求关系。

供求关系大家都容易理解，那什么是价值呢？是传统意义上的成本加上利润吗？我觉得不是。有些包为什么卖那么贵？因为品牌的价值。也就是说，价值除了成本和利润以外，还跟品质、品牌、服务、口碑、工艺、外形、设计、细节、未来升值预期等因素相关，这些我把它们称为附加值。

这样，价格的公式就出来了：

价格 = 成本 + 利润 + 附加值

可见，买方对某种产品的需求越强烈，他对该产品的价格就越不重视。所以，我们在报价时要多谈价值，少谈价格，要突出产品的价值优势，让买方由衷地产生一种"花这种钱值得"的感觉。

首先，突出产品本身的优势，比如说，产品有一流的加工制造工艺水平，质量有保障；有确切的疗效，使用少量即可收到良好的效果；有独特的卖点，市场空白面大，同类产品少，竞争力强；有适宜的零售价格，消费者很容易或很乐意接受产品，虽然薄利但可以多销，等等。

其次，突出得力的后续支持。主要表明产品的相关广告宣传力度大，各大媒体均有所覆盖，促销政策到位，礼品配送及时；分销政策健全，能有效地控制分销市场。

第三，突出周全的配套服务项目，比如建立了免费咨询服务、送货上门、安装调试、终身保修等一套比较完善的售后服务机制。

（2）态度要坚决

报价时要声音响亮、清晰、干脆。不能犹豫，让对方感觉到这就是最低的价，没有必要讨价还价。

（3）灵活地报价

如果与买方进行洽谈的不仅是我方一家，而是竞争对手较多，注意不能报最低的价，也不能报最高的价。如果竞争比较激烈，就必须把价压到至少能得到注意而继续商谈的程度。

如果你和对方已经建立了友好的，诚挚的贸易往来，就要做出较为稳妥的报价。

如果你的产品初出茅庐，人们还不十分熟悉它，而且声誉不高，就可以酌情压低价格；而对于市场的畅销产品，则可适当提价。

总之，如果你是卖主，叫价不妨高些。报价提得比预期的目标稍高一点，可以给自己留下可进可退的余地。

2. 谈判中报价的潜规则

商品的价格，犹如一块战略要地，双方对于此处都是既敏感又势在必得。所以说，报价是一门学问，由于谈判者报价技巧的不同，最终成交价也会出现很大的差距。

那么，应该掌握一些怎样的报价技巧呢？

（1）学会模糊性报价

在谈判时，你可以使用模糊性报价的策略，也就是不说明具体的价格，而是报一个价格区间。

如：我的电子防潮柜有4大系列50多个规格，价格从480元至25000元不等，请问你要哪个规格的？

模糊性报价的目的是为进入讨价还价阶段留下继续商谈的余地。

（2）学会让买方报价

老练的谈判者会问：你需要哪个档次和规格的产品？你需要采购多少？你想花多少钱来采购？

一般有采购计划和目标的采购者，会把产品的性能，规格技术要求报得很详细。价格也会有一定的范围，还会关心发货及售后服务的情况。这类采购者一定是真实的客户，对市场也非常了解，这时你的报价一定要真实可靠，在介绍产品的卖点时也要清楚无误。当然，也有的客户根本不报价，因为他自己都不清楚，只是想以你的报价为依据，多问几家价格而已，对于这样的客户，你无论报多低的价格，都很难做成生意。

（3）由高价到低价的顺序报价

一般来说，与客户面对面接触时，产品报价由高价到低价的顺序排列会好些。

为什么是这样？我们可以做一个实验，把两只手同时放在一盆冷，一盆热的水中，两分钟后，同时放到一盆正常温度的水中，会感觉到放在热水中的手感觉冷，放在冷水中的手感觉热。同样，谈判者先介绍贵的产品给买方，再介绍便宜的产品，会让买方觉得更便宜。

（4）讲究报价方式

在报价方式上，我们应注意三点：

A. 报最小单位的价格。例如啤酒报价，我们通常报 1 听的价格（1.50 元），却不报 1 箱的价格（36.00 元），这是因为整箱报价不易换算成单价，而且整箱价目大，一时之间会给人留下高价的印象。

B. 报出平均时间单位内相应的价格。比如：某种减肥药一盒 285 元，很多人会嫌其售价太高，这时，我们可以向对方细算一下，一盒 30 粒，可服 30 天，平均每天只要花 9.50 元；和同类产品平均每天要花十几元相比，还是划算。

C. 不报整数价。多报一些几百几十几元几角几分的价格，尽量少报几百几十这样的价格，一来价格越具体，越容易让买方相信定价的精确性；二来我们可以在讨价还价的过程中，将零头作为一个筹码，“让利”给对方。

（5）因时因地因人报价

A. 客户正忙得不可开交时，我们可以报一个模糊价格，让他对该品种有大概的价格印象，详细情况可另行约定时间商议。客户有明确的购买意向时，我们应抓住时机报出具体的价格，让其对产品价格有较为具体的了解。在同行业务人员较多，竞争激烈时，不宜报价。此时报价，客户繁忙记不住，却让有心的竞争对手掌握了我们的价格，成为其攻击我们的一个突破口。

B. 在恰当的地点报价。报价是一种比较严肃的事情，我们应选择在办公室等比较正规的场所进行报价，要不然会给客户一种随随便便、草草了事的感觉。

C. 把握好报价的对象。价格往往是商业交往中比较敏感的话题，对实行招标、议标的项目来说，价格更是一个秘密，所以在报价时要找准关键人。向做不了主的人报价，只能是徒劳无益，甚至使结果适得其反。

3. 底线——心理上最后的承受力

在讨价还价时，通常双方谈判者都事先设定好一个自己能接受的最坏结果——价格底线，再在这个底线上交涉。

如果你是买方，底线是自己愿意支付的最高价；如果你是卖方，底线则是你能够接受的最低价。比如，你和妻子开价200万元卖掉你们的房子，同时私下商定最低价格不能少于160万元。

确定底线有利于你抵抗压力和一时的诱惑。事先确定好底线也许不会让你做出事后后悔的决定。

但是，确定底线也许要付出高昂的代价。它限制了你在谈判中的应变能力。底线的定义是：一个不能改变的立场。从这个意义上说来，你已将自己的耳朵捂住，事先已做了决定，无论对方说什么，你都不会动那根底线。

底线还限制了你的想象力，使你无法创造一个恰到好处的对双方都更有利的解决方案。比如，你可以将房子以155万元的价格出手，但条件是：推迟过户，保留两年的车库使用权。这也许比卖160万元对你更有利，如果坚持底线不放，你就无法想出如此灵活的方案。

另外，底线容易定得过高。假设你和家人早餐时一起商量房子的最低卖价。一人建议卖160万元，另一人回击道："我们至少应得到200万元。"第三位插话说："200万就买走我们的房子？那简直就是白送！我看至少值220万。"房价抬得越高，大家获利就越多，因此谁会提出反对意见呢？一旦决定之后，这样的底线就很难再有所改动，你的房子也就很难出手了。

另一种情况是，底线有可能定得太低。与其以如此低的价格出售房子，你还不如租出去更划算。

确定底线虽然避免了你接受一个非常糟的方案，但也阻碍了你设计出更富新意的解决方案，妨碍了你接受明智的解决方案。

如果你是买方，对方的底线属于机密。谁掌握了对方的这些底牌，谁就会赢得谈判的主动。

如果你想买一套房子、一家企业……或一件价值连城、独一无二的东西，最难的就是判断卖主的底线，判断卖主的心理价位是非常重要的。

有一个办法，你可以雇一个替身。

如果你找不到这么一个替身，那就创造一个。律师或会计师就可以胜任。

你想买套房子时，你的替身可以先找卖主询价。他报价 48.9 万美元。替身从口袋里拿出支票本，开始写一张支票。

“我现在就可以写一张 37.5 万美元的支票给你。”

我们可以根据卖主的反应判断其底线。他要么会很不高兴地拒绝交易，要么会想办法继续谈下去。如果卖主气冲冲地拒绝交易，我们就会知道，他当时的底线确实是 48.9 万美元。就算你的替身起不到其他作用，至少可以充当你的替罪羊，省得你还没探出个究竟就被卖主踢出大门。

在谈判的交涉中，买方一般都有一个期望价，还有一个拒绝价，商谈中你不知道他的拒绝价是多少，因为他总是想着自己的期望价。下面就有关技巧做一些介绍。

（1）编造老板意见来抬高底价

买主想花 15 元买一个电源插座，而你要的是 20 元。你可以说：“如果我能让老板降到 17.5 元，你能接受吗？”拿老板做挡箭牌，这并不意味着你要以 17.5 元卖给他们。然而，如果他觉得 17.5 元也可以，你就把他的商谈底价提高到 17.5 元，现在与你的要求只差 2.5 元，而不是 5 元了。

（2）通过提供一种质量较差的产品来判断他们的质量标准

“如果你只付 15 元，我给你看看其他品种的插座可不可以？”用这种方法，你可以试探出价格不是他们唯一的考虑。他们确实关心质量。

（3）推荐质量更好的产品，确定他们愿意给出的最高价格

“我们还有更高性能的插座，但是每个 25 元。”如果买主对这种性能的商品感兴趣，你就能知道他愿意花更多的钱。

（4）不说你自己是货主

这种办法可以解除买主的警惕，他会跟你说些真心话。你可以说：“我喜欢跟你做买卖，但是这件不是我的，以后我们再合作吧。”你以这种方式解除了他的警惕心理，稍后你说：“我很遗憾不能卖给你这个插座，但就咱们俩说，到底多少钱你买？”他也许会说：“我觉得 15 元是最低的价格，但我想 18 元也是可以的。”

我再三强调，在谈判中不要轻易亮出底牌。但这也并不是绝对的。比如在谈判的最后，如果对方要求的价格还是高于你的预算，就不妨告诉他们你的价格低线，看他们是否有降价空间，也许结果会不一样。

4. 有时对第一次出价一定要“故作惊讶”

现在让我们看看讨价还价的一个重要原则——永远不要接受第一次开价或还价。

轻易接受卖方的开价或买方的还价都会导致他产生如下疑惑：“是不是还没有到价格底线啊？”

比如你为飞机引擎制造厂买部件，你要同推销引擎轴承的人进行谈判，轴承是你们厂需要的重要部件。你们固定的供应商因故没有给你们供货，因此急需从这家新公司购买，只有他们才能在 30 天内供货，才能防止你的流水线停工。如果不能准时提供引擎的话，你就无法履行与飞机制造商的合同，而你 85% 的订单都是这家制造商的。在这种情况下，轴承的价格谈判上你肯定不占什么优势。然而你的秘书告诉你销售商已经来了。你心里想：“我要做个谈判高手。看我怎么让他大打折扣吧。”

销售商做了发言，并保证按照你们的要求及时装船。他给你开的价格是每件轴承 250 元。

这让你着实吃了一惊，因为你一直给的价格是 275 元。然而你竭力掩饰自己的惊讶，回答："我们只能出 175 元。"对此销售商回答道："好吧，可以。"

这时，你心里自然会产生两种反应。

——我还可以做得更好。

——一定是出了什么差错。

第一种反应："我还可以做得更好。"有趣的是，这种反应与价格没有什么关系，只与对方对你开出的价格的反应方式有关，要是轴承销售商同意 150 元或 125 元呢？你同样觉得自己可以把价格压得更低。

第二种反应："一定是出了什么差错。"知道他们接受了你的价格之后，你的第二种反应是："一定是出了什么差错。我应该仔细看看他们的所有报告。如果他们愿意接受我的价格，那肯定是有什么我不知道的事情。"

如果你对第一次报价表示同意，任何人心里都会产生这样两种反应。比如，你儿子来找你说："今天晚上我能借用一下汽车吗？"你说："当然可以，儿子，去吧。"他也会有这样的想法："我还可以做得更好，我还可以额外再要 300 元的汽油钱。"他还会这样想："怎么了？父亲今天怎么让我出去？有没有什么我不知道的内情。"

为什么会有这样的反应呢？

这是因为人们普遍认为，卖主的第一次报价肯定不是真正的底线？

事实确实如此，卖主的第一次报价只是他的"期望值"。这是他期望买主接受的。如果买主表示同意，他或许在回办公室时还在欢呼雀跃，向他的下属夸耀："简直无法相信我刚才做了什么，我刚同 × 公司谈了笔生意。我一开价他们就说：'你的最低价到底是多少？'我说：'如果你们买不到一定量的话，我们从来都不打折扣，但以后想与你们长期来往，所以最低价是 22500 元。'然后我屏住呼吸。总裁说：'价是高了点，但如果这是最后的价格，就这样，送货吧。'我简直不敢相信！咱们别上班了，去庆祝一下吧！”

所以，请你相信，第一次开价只是期望值。谈判高手不但不会收受第一次出价，而且还会表现得大吃一惊。

比如，甲方：“刚才已经谈到了，我们厂的产品不但在质量方面无可挑剔，而且售后服务工作也相当完善，现在市场上供不应求。因此，我们认为此次产品的价格应定为 2 万元。”这时对方可能有两种反应。

——大吃一惊。“别开玩笑了，上次价格才 15000 元。你们的价格难道是在坐飞机吗？”

——很平静。“噢，太高了吧。能不能再让一些？”

第一种反应表明对方对甲方的报价不能接受。这时，甲方就得考虑适当地降低报价。比如：“这不很正常吗，因为在这批产品中我们采用了进口零部件，质量性能都有了很大的提高。不过，咱们也是老朋友了，我们当然可以适当再给一些优惠，18000 元怎么样？”

如果乙方仍不能接受，甲方在不影响本方利益的前提下，还可适当地调整报价。

第二种反应表明，乙方对这个报价是有思想准备的，基本是可以接受的。这时甲方再稍做让利，双方即可成交。

所以，面对第一次报价，谈判高手总要表现出被吓了一大跳的样子——即对卖家的出价表现得非常震惊。

或许你知道有些人从来不会一惊一乍，因为这有失体统。这种人问售货员：“橱窗里的大衣多少钱？”

店员回答：“2000 元。”

“还可以！”他说。而谈判高手一听这个价格却会假装晕过去。

这听起来有些滑稽，但事实是，当卖方出价的时候，他们在观察你的反应。他们不会考虑你是不是同意他们的报价，他们只是试探一下你的反应。

故作惊讶之后经常会伴随着卖方的让步。如果你不故作惊讶，卖方就会强硬起来。

即使你和卖方不是面对面谈判，你也应该在电话中停顿一下，表示震惊，因为电话中的惊讶也是很起作用的。

同样的道理，若当买方第一次还价时，卖方不故作惊讶，买方就会随后提出许多附加要求。

如果你卖计算机，买方请你提供额外的配件。

如果你卖汽车，买方请你赠送免费脚垫和满油箱的油。

如果你卖货物给承包商，买方请你把货物发到他的仓库，并不额外收费。

如果你卖传真机，买方请你提供能用一年的纸张。

如果你不表示惊讶，买方自然还会想："也许我得再狠点儿，看看他还能让多少。"

也许拒绝第一次出价不太容易，尤其是你几个月以来一直在给买家打电话。他们一出价，就诱惑你赶紧抓住机会。遇到这种情况，也要冷静一些，记住不要急于接受。

5. 最低价格往往是比较出来的

在熙熙攘攘的集市上，我们经常会看到这样的场景——买主看中了一件东西，而卖主也看出买主诚心要买，于是，一场讨价还价开始了。

"多少钱？""18块！""你想抢银行怎么的？6块卖不卖？""6块你卖给我好了！16！""还是太贵了！给你7块！""我再让一点，14块！""最高给你8块，要不然我就到别家去买！""算了，我就按成本价给你，10块！诚心买就拿去！""那就10块吧，让你赚就赚吧！"

看着他们口中的价位就像钟摆一样，摆过来，摆过去，最后停在10块这个价位上。有人也许会想，何不一开始就卖10块呢？双方都省事。而实际上10块是双方交涉后的结果，事前谁又知道10块是双方都能接受的最后成交价呢？

有一次，美国谈判专家史蒂芬决定建个家庭游泳池，但在游泳池的造价估算及建筑质量方面他却是个彻头彻尾的外行，但这并没有难倒他。他在报纸上登了广告，很快有三家承包商报上了承包详细标单。每家的付款条件都不一样，总建造费用也有不小差距。

史蒂芬约请了以上三家承包商一起上门来谈。到了约定的时间，史蒂芬客气地说，自己有件急事要处理，一会儿再找他们谈，让他们在客厅耐心等候。三位承包商只好坐在客厅里一边彼此交谈，一边耐心等待。一个小时后，A 被请了进去，A 一进门就介绍了自己的工程是质量是最好的，同时他还告诉史蒂芬，B 曾经丢下许多烂尾的工程，现在公司很不景气。接着史蒂芬又请来了 B，并从 B 那里了解到其他家提供的都是塑胶管，只有 B 所提供的才是铜管。最后进来的是 C，C 告诉史蒂芬，其他家所用的滤网都是品质低劣的，并且不能保证按时完工，而自己则绝对做到保质、保量、保工期。

史蒂芬通过耐心倾听和旁敲侧击的提问，终于弄清了游泳池建造的设计要求，特别了解了三位承包商的基本情况：A 的要价最高，B 的建筑设计质量最好，C 的价格最低。经过一番权衡，史蒂芬最终选择了 B 来建造游泳池，但只给 C 的报价。又经过一番讨价还价之后，双方终于达成一致。

就这样，三个精明的商人没有斗过一个谈判专家。史蒂芬在极短的时间内，不仅让自己从一个外行变成了内行，而且还找到了施工质量最好、价格最低的建造者。

其实在我们的谈判实践中，也经常能够遇到类似史蒂芬修建游泳池这样的问题。谈判人员可以是个通才，但绝对不可能是全才，每个人都有自己的业务所长，也有自己的知识短板。谈判实践中如果遇到了我们不熟知的材料、不熟悉的材料供应商怎么办？如何在短时间内辨别材料供应商的优劣、材料质量的真假、材料价格的高低？史蒂芬教给我们一整套处理的办法。

任何一件复杂的事物，都可以分解成许多侧面，每个供应商都会就此或多或少地指出其中的一个侧面，当你把这个事物的所有侧面综合起来，并且相互印证，去伪存真、去芜存精之后，整个事物就会异常清晰地展现在你面前。这个时候再展开谈判，面对着一个近乎专家级别的对手，相信任何一个对手都不敢掉以轻心。

在具体的谈判中，我们还要注意讨价还价的步骤：

（1）先要求对方进行价格解释

让对方对他的价格进行解释，有助我们得知对方价格的构成中有没有水分、哪些地方水分大、哪些地方水分小、对方的准备是否充分等重要的信息，以使后面的讨价还价更有针对性。

（2）先逐项讨价，再总体讨价

如果你要购买很多东西，那么应该先逐项讨价还价，逐项去掉水分，然后要求对方在总价上再给一定的优惠。

（3）逐项讨价时应先讨对方报价中水分最多或金额最大的部分

这是谈判的核心问题，决定着整个谈判的成败。核心问题谈赢了，谈判就对我方有利了。所以，谈判的“大赢家”一定会先设法在核心问题上取得优势，然后再开展其他问题的谈判。核心问题谈不好，其他地方斤斤计较，是谈判者抓不住重点和缺乏洞察力的表现。

（4）讨几次价再还价

先讨后还，是讨价还价阶段很重要的谈判技巧。讨价的过程就是让对方自己挤去水分的过程。讨价多少次为宜，要看你的谈判对手的情况而定。只要对方还肯让步，你就可以一直讨下去，讨到对方不肯再让步为止。

还价的过程就是你帮对方挤去水分的过程。经过数次讨价，对方不肯再让步的时候，就需要你来帮他挤水分，你应该狠狠地往下还价。这次还价一定要让对方不肯卖给你。如果对方只是象征性地讨价一下就卖给你，说明你的还价还不够狠，水分还没挤干。只有对方在这个价位不肯卖给你的时候，才能说明水分挤干了。

6. 人们常常难以说出第二次“NO”

我有过一次讨价还价的有趣经历。

我派驻在荷兰工作的时候，有一位朋友从北京来观光。有一次我们沿着阿姆斯特丹的运河散步。忽然，我的朋友在一家古董店的橱窗前面停了下来，原来这家店里摆着一个他一直很想要的壶。

这个壶的上面并没有标示价格。即便是对古董完全没有兴趣的我，也被壶身深邃美丽的蓝色深深地吸引了。

于是，我们两人走入店内。朋友用英语问老板，那个放在橱窗里的壶要卖多少钱。

当客人询问价钱的时候，通常有两种情况，一种只是好奇想要知道价格是多少，另一种则是真的想要购买。荷兰的古董商通常不仅是精于谈价格，还是不折不扣的谈判高手。这个东西对某个人来说可能是一文不值，但对另一个人来说，则可能是梦寐以求、不惜任何代价都想要得到的宝物。因此，该怎么买，又该怎么卖，可以说全看谈判的手段了。

“嗯，如果开价在 100 欧元以下，我就买了。”还没等老板开口，我朋友就用中文小声地跟我这样说。不管老板有没有听到我们窃窃私语，反正他也听不懂中文。只见老板慢慢地站起身，走到橱窗边把那个壶拿了过来。

这个时刻，正可看出这个老板到底高不高明。我想他应该会看人来开价。

“300 欧元。”

听到这个价钱，我心里不禁暗暗佩服：“不愧是个高手。”老板大概是观察了我朋友的气质和打扮，才开出这个价钱的吧。恐怕他也已经预测到，我朋友只愿意出 100 欧元，才故意喊出一个不太可能被接受的价格。

这个价格虽然不太可能被接受，但并不是一个让人立刻打退堂鼓的数字。要是老板漫天要价，说要卖 1000 欧元的话，我朋友一定转头马上离开这家店。所以说，价格要是喊得太高，是会吓跑顾客的。

我的朋友笑道:“300欧元太贵了。”老板没有说话，只是报以一个微笑。我也是保持微笑，在一旁静静地观察他们两人的互动。

“老实说，从下个月开始，我橱窗的摆设就要换了，主要是换成一批从法国来的商品。到时候，现在摆的这些东西都会以半价出售。怎么样，要不要等半个月？如果你真的喜欢这只壶，我可以先替你保留嘛。”

原本300欧元的东西，半价后变成150欧元。这个价格变得更接近我朋友设定的价格，双方也就更容易达成共识了。然而，如果老板一听到我朋友嫌太贵，便马上说道：“好，那我就打五折卖给你。”恐怕这只蓝色的壶将会被认为没什么价值。可是，老板所说的“下个月五折”，其实是今天就可以卖的价位。

我不等我朋友回答，就对老板说道：“真是遗憾啊。不要说下个月，下周我朋友就要回中国了。更不巧的是，就算是我想帮他买，那个时候我要去法兰克福出差，也不在阿姆斯特丹。对了，老板你这家店开了有多久啦？”

我故意岔开话题，尽量不要触碰到“半价”这个关键点。于是，对方先让步了。

“是这样子啊，原来是来观光的。既然如此，我特别给你们优惠，今天就算半价啦。”

由于是对手提出要降价，因此我可说是赢了第一回合。但是，如果这样就成交的话，我就不能算是高明的谈判者了。因为，在提出了“半价”这个条件之后，真正的谈判才刚要开始。但如果是我先开口要求老板打五折，那就真的是到此为止，双方即以150欧元成交。但若是老板先让步，结果就不同了，因为我方还可以继续杀价。

之后，我继续和老板这位“谈判高手”周旋，最终以88欧元成交，开开心心地把蓝色的壶交到我朋友手里。

针对价格进行谈判时，第一个重点是，一开始要提出一个让对方无法接受的数字。但是，要将这个价位拿捏得很巧妙，让对方虽然拒绝，但还是充满了兴趣。“提出让对方无法接受的数字”的方法，是利用了人们“难以说出第二次‘NO”’的习性。

最初，古董店老板喊出一个不太可能被接受的价格（300 欧元），让我朋友说了一次“NO”。之后，他再将价格降了一半。

一般来说，对方已经让步了，而我方之前说过一次“NO”，这次再拒绝人家似乎太过分，于是犹豫之余，说出“YES”的可能性就相当大了。

另外一个重点是，古董店老板喊出 300 欧元这个价位，也是“满足顾客谈判心理”的一种表现。如果老板一开始就开价 100 欧元，或许我的朋友会马上以 100 欧元成交，可是如此一来，这就只是很平常的买卖行为而已。对我朋友而言，那只壶也就只有 100 欧元的价值。然而，如果让顾客觉得，他是凭着自己的谈判技巧，把原价 300 欧元的东西杀到更低的价格，那么这个壶便有超过 300 欧元的价值。

通常，擅长讨价还价的人所要的并不只是物品而已，他们更喜欢享受谈判成功的满足感。因此，古董店老板设定的 300 欧元降至 100 欧元的空间，正是提供顾客享受“满足顾客谈判心理”的“弹性空间”。

但是，这个弹性空间并不能太大。如果把 1000 欧元的东西降到 100 欧元，价格一下子变成原价的十分之一，那就太夸张了。巧妙地把握弹性空间的幅度，使它不会过大也不会过小，乃是专业谈判者最需要注意的地方。

7. 只有“一句话”——“你得再加点”

谈判中有一个“一句话”技巧。这是一句很简单的话：“你得再加点。”

许多谈判高手都是这样做的——买家听了你的报价后，他坚持说他与目前的供应商合作很愉快。你充耳不闻，因为你知道你已成功地激起了他对你的产品的兴趣。最后，买家对你说：“我们同目前的卖方合作很愉快，但是我想多一家供应商的支持跟他们竞争也没有什么坏处。如果你们把价格降到每斤 1.22 元，我们就装一车。”

这时，你就可用“一句话”技巧进行回应。你平静地回答：“对不起，你们还是出个更合适的价吧。”

那你说完“你得再加点”之后，下一步该干什么呢？

就这么办，闭嘴！一言不发。你开出自己的价格，然后沉默。买主可能会表示同意，所以在你弄清他会不会接受你的建议之前就表态是很愚蠢的。

比如，你在旅游胜地看到一个画家在卖画，他没有标明价格。于是你问他要多少钱，他说300元。如果看到你一言不发，接下来他就会说：“如果你真喜欢，150元就行。”如果你还是一言不发，他又说：“我还有这些包装盒，也可以送给你一个。”

在谈判中，这个技巧也是实用的。有一位经理说：“有一次我们给办公室配备新设施。我了解了几家有资格的商家的价格，正想接受其中最低的那一家，突然我想起‘一句话’技巧。于是我说：‘你还是给个更合适的价吧。’然后，静静地等待对方的答复，结果他们的价格比我原打算接受的少了14000元。”

谈判中，要让对方尽可能地多发言，充分发表他的观点，说明他的问题。而你却应该少说为宜。这样，对方由于暴露过多，回旋余地就小。而你很少曝光，余地很大。两者的处境，犹如一个站在灯光下，一个躲在暗处。他看你一团模糊，你看他一清二楚。这样你就掌握了谈判的主动权。

除了让对方多说，还要设法让对方先说，先提出要求。

这样做，既表现出你对对方的尊重，又使你可以根据对方的要求确定你对付他的策略，可谓一举两得。

有两个一言不发的谈判人员。两个人坐在同一张圆形会议桌旁。坐在右边的谈判者想从左边的谈判者那里买一块地产。他开出自己的价格之后就不再说话，左边的那位一定想：“好小子！我就不相信，你想跟我搞沉默交易？看我怎么教训你一下，我也不说话。”

你看，面对两个意志坚强的人都等对方先开口的时候，屋子里一片死寂，除了那架老爷钟一直作响。显然，他们都知道发生了什么情况，谁也

不愿意向对方让步。

好像半个小时过去了，尽管可能只是 5 分钟，因为沉默让时间显得如此缓慢。最后，更老练的那位打破僵局，在便笺上潦草地写了“决宁”两个字递给对方。然而他故意把“决定”误写成“决宁”，年轻一点的谈判者看了看，说：“你写错了一个字。”于是他一开口说话就收不住了（你认识不认识这样的谈判者？他们一开口说话就收不住了）。他接着说道：“如果你不愿意接受我的价格，我愿意再涨 2000 元。但一分也不能再多了。”他在没有搞清楚对方是不是接受之前就先改了自己的价格！

沉默是有临界点的，当对方开始表现出不耐烦时，就是防备最弱的时刻，在这时提出要求或疑问，通常可以得到最真实的回应。

8. 淡化对方的“一口价”

我们在商场、专卖店以及其他的一些营业场所，经常看到这样一些告示性的标语：“平价销售，还价免言”。如果有人在购物时想还价，其营业员会很礼貌地指出：“对不起，我们这里不还价”。

这种“一口价”——让对方面对不可改变的选择本身并没有什么错。事实上，在世界上大部分生意都是这样成交的。假如你走进一家超市，看到一听标价 75 美分的大豆罐头时，你不会和超市经理讨价还价。这是经营生意的一种有效方法，然而这不是谈判，也不是双方沟通的双赢过程。

“一口价”可以用托马斯·谢林的著名例子来阐述——

两辆满载炸药的卡车在单车道上相向而驰。现在的问题是，哪辆车会开到路边以避免两车相撞。随着两车相距越来越近，一辆车的司机当着另一个司机的面，拆下方向盘，把它扔到了窗外。此时，另一个司机只有一个选择，要么迎接一场爆炸，要么把车子开到路边的沟里。这种破釜沉舟的战术目的就是使让步不可能成为现实。然而你在加强了自己立场的同时却削弱了自己对局势的控制。

同样，“一口价”可以说是一场赌博。你是在让对方亮出底牌，迫使他们做出让步。

如果对面的司机没有看到方向盘飞出窗外，或者他认为卡车有紧急自动转向系统，那么扔方向盘的行为就不会达到预期效果。那样，双方都会承担避免相撞的压力。

在商业谈判中，有的卖方在事先就言明，我方的供货价格已经“定死”，并且因为种种原因不能下调，希望对方能理解。把“丑话说在先”，堵住买方讨价还价之口，使之想还价却不能还价，收到一种先发制人效果。

当对方用“一口价”来威胁你时，你可以先采取忽略它的策略，就像没有听到一样继续说你的，或者更换主题，介绍其他解决方案。

你也可以挑明了对方的战术，要让他们知道，如果达不成协议，他们会损失什么。

你可以用下面的话来动摇对方的决心：“噢，我明白了，你说你的目标是以 30 万元解决问题。很好，我想人人都有抱负，你想知道我的目标是什么吗？”这样，你把对方的“一口价”轻轻地带过。

你也可以使用事实来抵制对方的“一口价”：“很好，李先生，我知道你公开发表了那份声明。但我从不向压力低头，我只认道理。现在让我们谈谈问题的是非吧。”

不管怎样，不要把对方的“一口价”当回事，将它的重要性淡化，这样对方才能体面地做出让步。

9. 以“隐形老板”为武器

谈判中，需要寻找一些借口，使自己在谈判中更具灵活性。“隐形老板”就是谈判中一种巧妙的借口。

在讨价还价时，可以无中生有地为自己制造一个“后台老板”，说明自己在这次交易中不能完全做主，而用“后台老板”的种种要求和压力施加于讨价还价的对方，以此来增强自己的攻势，削弱对方的力量，增加对方的压力。

在谈判中，客户不满意销售人员开出的价格，经过一番砍价，销售人员终于“勉为其难”地认输，接受了客户所提的价格，不过销售人员要先向公司报告后才能最后签订合约。这时，客户非常高兴，在心中已经决定购买；而销售人员开始给公司打电话。谁知打完电话后，销售人员会万般抱歉地对客户说：“真是非常抱歉，我们经理说，那个价格真的不能卖。”

此时，客户如果放弃购买，那么产生的心理落差是极大的，这会让客户感到不快；而且由于客户已经有了购买决定，如果不购买，必然会产生挫折感。为了不让自己陷入这些消极感觉中，大多数客户都会做出让步，最后以销售人员提出的价格购买这种产品。

来自“隐形老板”的压力多种多样，可以是对价格的控制，也可以是对质量上的要求，还可以是对金额上的限制。

其实，“隐形老板”是子虚乌有的，只不过是一种讨价还价的策略。正因为是子虚乌有的，所以具有很大的灵活性。你施加给对方的压力可有可无，可轻可重，可使对方防范困难，无法周旋。

谈判中，如果买主面带微笑对你说：“我猜你就是有权最终决定这个价格的人，不是吗？”你要知道，把自己当成决策者的谈判人员相当于把自己置于不利地位。

同样需要注意的是，不要让买家在开始就知道你要让领导做最后决定（谁会浪费时间跟你谈）。如果你有最后决定权，他们就不必太费其他的口舌，因为你一旦表示同意，他们的买卖就成了。如果你告诉他们你得请示领导，情况就不同了。当你必须得到科长、经理、合作伙伴或董事会同意的时候，买家就得做更多的工作说服你。他们必须给你一个你能带回去让领导接受的价格。而且，他们知道必须让你心服口服，使得你愿意说服领导接受这个价格。

最好你的领导应该是一个模糊的实体，而不是一个具体的个人（避免买家跳过你找你的领导）。比如市场营销委员会或者你的上司的上司，等等。如果你告诉买家你得征求销售经理的意见，买主的第一个想法会是什么呢？只能是这样的：“那我为什么浪费时间和你谈呢？如果你的销售经理是做最后决定的人，把你的销售经理请来就是了。”然而，当你的领导是个模糊的实体的时候，那看起来就不好接触了。

有时候强硬的同伴也会起到“隐形老板”的效果。最常见的用来拒绝对方要求的谈判技巧是：谈判者本人称自己并不反对，但他那位不好说话的同伴是不会答应的。比如“这个要求很合理，我同意，但我老婆绝对不能接受”。“隐形老板”卖方可以用，买方也可以用。其道理是相通的。

买方在做最后决定之前说要请示一下上级领导，对此你或许感到沮丧。其实这只是人家使用的一个简单的谈判技巧，因为他对你这么说的时候，他永远都不会去跟那个所谓的“上级领导”去商量的。

10. 偶尔“黑脸白脸”唱“双簧”

相信你肯定在过去的影视剧中看到过这个技巧。

第一个“黑脸”警察使用威胁嫌疑犯的战术，指控他犯有多起罪行，让他面对强光照射，并将他推来搡去，然后找个借口离开。接着，“白脸”警察关上强光灯，递给嫌疑犯一支烟，为刚才粗鲁的警察道歉。他说他想阻止那个警察，但是嫌疑犯如果不合作，他也没有办法。结果是，嫌疑犯讲出了自己知道的一切。这就是“黑白脸”策略。

在谈判过程中，有时，当对方提出一些自己事先毫无准备而又难以回答的问题时，难免会使自己陷入困境；有时，在某一问题上，对方本应让步却又坚持不让步时，就可能使谈判难以进行下去。这种情况下，谈判人员就可以利用“黑白脸”技巧。自己方的主谈者找一个借口暂时回避，让“黑脸”挂帅出阵，旁边配上一个调停者，将对方的注意力引向他们。此时，“黑脸”即可采取强硬的立场，唇枪舌剑，寸步不让，死磨硬泡，从气势上压倒对方，给对方在心理上造成压力，迫使对方让步，或者索性将对方的主谈者激怒，使其在怒中失态。

自己方的主谈者估计已取得预期效果时即回到谈判桌旁，刚回来的主谈者一般不要马上发表意见，而是让其调和者以缓和的口气、诚恳的态度调和自己的“黑脸”与对方之间的矛盾，实际上也是间接地向自己的主谈者汇报这段时间的战果。主谈者通过调和者的间接汇报和察言观色，判断对方确被激怒或确被己方的气势压倒而有让步的可能性时，就开始抖擞精神，以诚恳的态度和言辞，提出“合情合理”的条件（其条件往往高于或至少等于其原定计划），使对方接受。若有必要，还可以自责自己的“黑脸”行为去顾全对方的面子。在这种情况下，对方很可能会做些让步，接受你的条件。

扮“黑脸”的人既要“凶”，态度强硬，寸步不让，又要处处讲理，绝不可蛮横。而外表上也不能一味高门大嗓，唾沫横飞，这属于“俗相”。“黑脸”也不一定总是“虎”着脸，也可以有笑容，只是“立场”要硬，“条件”要狠。

扮“白脸”的应为主谈人或负责人，应该善于把握火候，让“黑脸”能够下台，及时逼迫对方就范。

若是一个人同时扮演“黑白脸”的角色时，一定要机动灵活，声色俱厉的时间不宜过长，同时说出的“硬话”要给自己留有余地，不然反倒会把自己束缚住。万一冲动之下，硬过了头而陷入被动，此时最好的解决办法是“休会”。

当对方用“黑白脸”的策略对付你时，经常会使你很狼狈的。你同两个人谈判的时候更要时时提防这一点。

例如，你替一家保险公司卖集体健康保险，你同一家生产割草机公司负责人力资源的副总经理约好见面。当秘书把你领进副总经理的办公室时，你惊讶地发现公司的总经理也想来听你的介绍。

这是二对一的谈判，情况不太妙，但是你坚持了下来，进展还算顺利。于是，你觉得就要成交了。突然总经理生气了。他对副总经理说：“看呀，我就不相信这些人能给我们一个合理的报价，对不起，我还有事。”然后他就离开了。

这时副总经理说：“哇，他经常是这个样子，但我真的喜欢你提出的计划。我觉得我们可以接着谈。如果你的价格再调整一些，我想我们可以成交。然后我帮你向总经理说情。”

如果你没有注意到他们对你使用的计策，你可能会问：“你认为总经理会同意多少呢？”结果很快你就会让副总经理帮你说情——他其实根本就不站在你一边。

有趣的是，这种伎俩虽然从来逃不过精明人的眼光，但精明人一样还是会上当。理智告诉我们此人不过是在演戏，他的行为不见得对我方最有利，但是情感上仍然会把他当作好人，这多半是幼年经验的反射作用，小时候如果父亲不肯答应某个要求，我们就会不由自主地去求母亲。孩子们并不知道，父母多半已有默契，在子女面前要立场一致。

如何克服“黑白脸”攻势？试试下面的技巧：

（1）直接揭穿它

尽管有很多解决问题的方法，但这可能是你需要掌握的唯一方法。使用“黑白脸”计谋的人都知道，运用此计被当场识破会感到十分尴尬。如果你看出对方运用此计，你应该微笑着说：“喂，接下来你是不是要用‘黑白脸’的策略？来来来，坐下来，咱们解决解决这个问题。”这时，对方通常会感到不好意思而偃旗息鼓。

（2）全力对付唱“黑脸”的

别理会那唱“白脸”的，全力设法说服唱“黑脸”的那一位。如果说服不了至少也没有损失，因为他的同伴可能同样难缠。

（3）你可以创造一个自己的“黑脸”来回击

你表明你愿意按照他们的要求去做，但坐在领导办公室里的老板痴迷于原来的计划。你总可以虚构一个比谈判桌前在场的“黑脸”更加强硬的“黑脸”来。

（4）你可以向他们的上级核对此事

例如，如果你同零售商代表谈判，你可以给经销商老板打电话，说："你们的代表跟我扮演'黑白脸'策略，你不赞成这种事情，是不是？"

但要当心，越过谈判代表去找他的上级的做法可能使谈判代表对你产生恶感，给你带来更大的问题。

（5）让"黑脸"充分表演

有时不妨让"黑脸"表达他的意见，尤其是让他表演到令人讨厌的程度。最终，对方谈判阵营中的其他人也会厌倦听他唠叨，告诉他闭嘴！

（6）让"白脸"也变成"黑脸"

你可以对那个"白脸"说："我知道你们两个用的是什么计策。从现在起他说的任何话我都认为是你说的。"于是你现在有两个"黑脸"要对付，于是就破解了这个计谋。当然，有时你在心里把他们都当作"黑脸"也是可以解决问题的，不必要揭穿他们。

（7）先发制人

如果对方带个律师或领导来，他明显是来扮演"黑脸"的。他们一进门你就要先发制人。你对他们说："我敢保证你是扮演'黑脸'来的，但我们还是收起这一招吧。我和你一样急于解决问题，那我们为什么不选择双赢的办法呢？好不好？"

11. 结束讨价还价的"绝招"之一——"反悔法"

有一个结束讨价还价的有效方法——反悔。

你给买主的最终报价已是你的底线了，可买主还在对你软磨硬泡，要求再降2个点。如果是这样，怎么办？

第二天你的上司带着你来到买主的办公室，对买主讲："非常对不起，我们的业务员没有经验，先前的报价算错了，由于运输费用没有记入，正常的报价应当还要提高3个点。"买主暴跳如雷，大骂你们不讲信用，不过最终生意还是成了，以先前的最终报价成交。提高3个点当然是不可能的，但买主也不再提降2个点了。

你利用这个技巧也可以反悔你答应的某一项内容。下面有四个例子：

——我知道现在我们正在商量免去安装费用的问题，但是现在我们的人告诉我，以这个价格我们无法成交。

——我知道我们正在讨论包括运费在内的价格问题，但我的会计告诉我说，以这样低的价格成交，我们简直是在发疯。

——我知道你们提出60天付款，但以这个价格，我们要求在30天内付款。

——是的，我告诉过你，我们愿意减免给你们进行人员培训的费用，但是我们的人说以这样低的价格成交，我们只好收培训费。

要注意的是，使用反悔的技巧时，不要在大事情上动手脚，因为这会真的激怒买主。

反悔是场赌博，但它可以迫使买家做出决定，通常的情况：是要么买卖成交，要么谈判破裂。

12. 装作很为难地让步

我们要知道，任何讨价还价，都不可能无限制地进行下去。因为，讨价还价的过程总是需要成本的。

假设两个孩子在分配一个蛋糕。这种蛋糕会随着两个孩子之间的讨价还价而不停地融化。每一轮谈判都意味着蛋糕在不断地缩小，直至最后消失。时间拖得越久，双方的收益就会越来越小，哪怕最后的赢家也赢得毫无意义。

在谈判的实践中，每一次价格谈判都有成本，这种成本既可以体现为谈判人员的工资支出、出差食宿以及车辆旅费，也体现为能否按时完成价格谈判迅速及时转入供货阶段。一名合格的谈判人员，一定要时时牢记成本的概念，在材料的价格、质量和可行性三方面通盘考虑，才能将商品成本控制在合理水平。也就是说，谈判人员应该尽量缩短谈判的过程，减少耗费的成本。

但是，价格是商务谈判中最核心的部分，谈判双方能否达成一个彼此都可以接受的价格，将决定着谈判的成功与否。谈判成功意味着谈判双方都认为对方开出的条件在自己可以接受的范围内，并且认为己方在既定条件下实现了自己的目的，这也就意味着双赢。

然而取得双赢谈判的过程却是艰辛和具有成本的，这是因为谈判双方都想从对方那里捞到更多的好处，也总认为目前开出的条件不是最优惠的。当然，双方也不会这样无休止地争论下去，否则什么事情都难以谈成了。在适当时机，谈判双方还是会握手言和的，这个适当时机就是各方的心理平衡点。所以，双赢谈判就是要达到双方的心理平衡点。

在利益冲突不能采取其他的方式协调时，让步策略的使用可以在谈判中起到非常重要的作用。因此，有经验的谈判者往往采取以退为进的策略。退是一种表面形式。由于在形式上采取了退让，使对方能从你的退让中得到心理满足。由此，不但思想上会放松戒备，而且作为回报，他也会满足你的某些要求。而这些要求正是你的真实目的。

适时退让不但不会带来损失，而且还会产生积极的效果。

退让是一门学问。具体地说，在退让的过程中，最好注意以下几个方面：

（1）退让应该尽量小，而且不宜一次到位

根据需要，可在较小的问题上先让步，不过让步不要太快，因为对方等得越久，越会珍惜它。一次微小的退让，可以让对方认为你是一个变通、不死板的人，并且非常尊重对方。

（2）对自己所做出的退让进行声明和渲染

主动做出退让是为了赢得对方的信任，适当勾起对方的“负债”心理，因此，成功的退让者大都善于“放大”退让的程度，善于渲染和夸张退让的艰难性。这需要遵循三个原则：一是不要轻易放弃最初的条件，这样才能使自己的条件看起来严肃而合理，进而使退让更有意义；二是强调你做出的退让给对方带来的利益，当对方觉得你的退让对他的帮助越大时，对方回报你的可能性就越高；三是让对方知道，退让力度即使不是很大，但是依然给你带来了损失和麻烦。

（3）告诉对方，你退让是为了得到什么

不要让对方来猜，要尽量明确告诉对方你为什么退让、期望获得什么，这样对方才能积极回应。你可以说：“这样吧，这批货我再给你降0.5%，但希望你们能够把这个季度的原料订单都给我们公司，这样我才好向公司交代价格这么低的原因。”

有的客户很有经验，他们通过对几家公司价格的对比要挟卖方，要求降价。这个时候，再跟客户强调产品的质量已无多大意义。客户所提的价格可能是真的，也可能是假的，要知道，人们都有以最低的价格得到最好的效果的心理。比如：

“人家出的是15万，你们报的是20万，你也太没诚意了吧！”

“人家还免运费呢，你们呢？”

这个时候如果天真地答应他，可能他会再次要求降价。

怎么办？如果他提出的条件你可以接受，这时要让对方承诺三件事：

第一，今天就付钱吗？

第二，今天就能签约吗？

第三，你自己就可以决定购买吗？

这三样缺一不可，好，看一个实例。

客户：再少5万，我就买下了。

业务员: 这个事我还做不了主,我要问一下经理,但我现在又不好问他。

客户：为什么？你去找他来，我跟他谈。

业务员：上次也是一家客户要谈价，我去找他，被他骂了一顿，他说找他先要告诉他三件事。

客户：哪三件？

业务员：你今天带钱了吗？（停顿，看客户反应）

协议今天就签订吗？（停顿，看客户反应）

你自己就可以决定购买吗？（停顿，看客户反应）

13. 最合理的让步幅度

在一轮又一轮的价格谈判中，当心不要把你做出的让步固定为某一种模式。

比如你卖器械，你以 15000 元的价格开始谈判，但是你可以降到 14000 元拿到订单。所以你的谈判让步幅度是 1000 元。

你怎么让出这 1000 元是很关键的。应该避免四种错误：

错误一：平均幅度。这是指你把 1000 元分 4 次做出平均幅度的让步：

250 元——250 元——250 元——250 元

想想，如果你这么做买方会怎么想。他不知道你能让多少，他们所知道的就是每次都得到 250 元，于是他不断跟你讲价。实际上，任何两次相同的让步都是错误的。被迫又让出 250 元的时候，你不是在告诉别人下一次让步也是 250 元吗？

错误二：先做个大让步。即你做出 600 元的让步，紧接着是 400 元。

600 元——400 元——0 元——0 元

然后你告诉买方：“这绝对是我的底线了。多一分我都不能给了。”买方觉得你先让了 600 元，接着又让出 400 元，他相信至少还能再使你让出 100 元。他说：“这个价格差不多，你要是再降 100 元，我们就成交。”你拒绝了，告诉他连 10 元都不能降了，因为你已经告诉他底线了。此时买主一定很沮丧，他在想：“你 400 元都让了，现在连 100 元都不行！你怎么这么不好说话？”所以，不要最后做出一个大的让步，因为那会令对方产生敌意。

错误三：一下子都让出去。就是一下子把 1000 元的谈判让步幅度都让出去。

1000 元——0 元——0 元——0 元

你可能在想：“买方到底怎么能让我一下子把整个谈判让步幅度都让出去呢？”很容易！他们给你打电话，说：“你是我们正在考虑的三家供应商之一。现在你们排在前列，但是我们认为最公平的方法是请你们三家最后报一个价。”除非你训练有素，不然你就会惊慌失措，一下子把价降到底，尽管对方没有给你任何保证说不会再来一轮讨价。

买方让你把价格降到底线的另外一种方法是使用“我们不喜欢谈判”的伎俩。买方满脸真诚地说：“告诉你我们做生意的方式吧，在 1926 年，我们公司刚刚创立的时候，公司的创立者说：‘我们要真诚地对待供应商，不要跟他们讨价还价。让他们给最低的价格，然后告诉他们我们能否接受。’我们经常这么办。所以，你给我们一个最低价，看我们能不能接受。因为我们不喜欢谈判。”买方在跟你撒谎！他喜欢谈判！这就是谈判——看看他能不能在谈判开始之前就让你做出最大的让步。

错误四：首先做出小小的让步试试深浅。我倾向于先让出一点小利，看看情况。所以，你首先告诉买主：“我也许可以降 100 元，但那是我们的极限了。”如果他们拒绝，你可能想：“不像我想得那么容易。”于是你又降了 200 元。当你又降了 300 元之后仍然没有得到订单，你的谈判让步幅度中还剩 400 元，结果你就得全让给他们。

100 元——200 元——300 元——400 元

看清楚你干什么了吗？你开始让了一小步，然后又让了一大步，这么做你永远都无法成交，因为每次他们要你做出让步的时候，他们得到的越来越多。

这些做法都是错误的，因为它们在买主心中形成一种期待的定式。

让步的最好方法是首先做出一个合理的让步，它可以抓住这笔买卖。也许500元的让步并不过分。这是你谈判让步幅度的一半。然后要确保你再做出让步的时候幅度越来越小。你的下一次让步可能是200元，然后100元，然后50元。

500元——200元——100元——50元

减少让步的幅度可以让买主确信他已经让你竭尽全力了。

如果你想验证一下这是不是有效，在你孩子身上试试。他来向你要郊游的零花钱，他向你要100元，你说："没门儿！你知道不知道我像你那么大的时候只有5毛钱零花钱？而且，我得自己在雪地里步行5公里到学校，来回翻山越岭，我得赤脚走路来攒钱。我不可能给你100元。我给你50元，就这么多！"

"50元不行。"你的孩子严正抗议。

现在你已经确定了让步幅度：孩子要100元，你给50元。谈判进程很艰难，你涨到60元，然后是65元，最后是67.50元。到67.50元的时候，你不必告诉他说他不可能再多要了。你的让步越来越小就已经暗示他不可能再多要了。

第六章　弱势谈判的筹码是智慧

弱势谈判讲的是妥协，寻求的是双赢。不是非黑即白，而是灰色的。

1. 如何利用弱势的力量

如果我们在谈判时处于弱势地位，怎样才能在谈判桌上取得我们想要的东西呢？

常规的谈判方法有温和与强硬两种形式。温和者总是避免双方的摩擦冲突，希望有个愉快的解决方案。强硬者则认为谈判是一场意志的较量，谁采取的立场更极端，谁能硬撑到最后，谁就能赢。

还有第三种谈判方法，它既不温和也不强硬，但却刚柔相济。

在中国古代哲人看来，任何事物都有刚性和弹性，而且正因二者不可分离，相互作用，才形成了事物的运动变化，即所谓“一张一弛，文武之道也”。在这里，“刚柔相济”既是对事物的客观规律性的揭示，是一种世界观，又是一种分析和处理问题的手段，是一种方法论。

“欲刚先柔，欲扬先抑。”一直是从古至今人们所追求的一种上乘境界。

但在谈判实践中如何运用“刚柔相济”？如何避开对方的攻击，针对问题本身下手？

（1）不要攻击对方的立场，而是透过立场看利益

在对方提出自己的立场时，既不接受也不拒绝，而是把对方的立场当成一种可能的选择，寻找立场背后的利益，并考虑改进的方法。

（2）提高自己被利用的价值

多数人在谈判时，焦点都集中在价格上，不过这已经是老一代的商业要素，现在大家重视的是现金流量。现金流量已经不仅仅是价格的问题，而是包含整个“创造价值”的过程。以生产型企业为例，会关注以下问题：哪些产品的使用期长？哪些产品的维修率低？和你合作可以得到这些好处，能提升企业价值吗？这些才是目前企业重视的问题。

所以我们要提出自己有哪些可被对方利用的价值，才有可能赢得对方的青睐。我们千万不要觉得自己的柔性是示弱的表现，因为从对方认同你的那一刻起，你客观的市场价值就已经随之增加。

（3）变人身攻击为针对问题的批评

当对方对你进行人身攻击时（这是经常发生的），你要克制住为自己辩护或反击对方的冲动。你应不动声色，让对方把怨气发出来。倾听对方的诉说，表现出你愿意尊重他们的意见。等他们诉说完后，将对方的注意力从对自己的攻击转移到对问题的批评上来。

（4）提问与沉默

善于使用“刚柔相济”方法的人常采取两种关键手段。

第一种是提问而不是陈述。陈述容易招致对抗，而提问得到的则是答案。提问不是批评，而是启发。提问是向对方的观点提出挑战，转而使对方去面对问题，可以避免给对方提供攻击的靶子和可供指责的立场。

第二是沉默。沉默是你最好的武器，要充分利用它。如果对方提出不合理方案或是对你进行攻击，最好的办法是一言不发。

如果他们对你开门见山的提问未做充分回答，那就等一等。人们总是对沉默感觉不舒服，尤其是对自己阐述的理由有疑问时更是如此。

沉默还往往给人一种僵持不下的印象，对方为了打破僵局，不得不回答你的问题或者提出新的建议。因此在你提问之后，先停顿一下。不要急于提出新问题或发表自己的评论，给对方逃避尖锐问题的机会。微笑和沉默是两个有效的武器，微笑能解决很多问题，沉默能避免很多问题。

2. 弱者往往在交涉中达到目的

在一些行为实验中，心理学家发现在任何谈话过程中，面对同样的目的，客观强势的一方并不会尽全力去争取更多。打个比方说，假设 A 公司有甲、乙两个谈判人员，公司给他们的要求和目标是一样的。例如都是要对方降价一成（如果能更多当然更好），现在他们要分别和两个对象谈判。在谈判过程中，甲遇到一个强而有力的对手，乙则遇到一个谈判新手，在我们的想象中，乙似乎比较有可能争取到较多的让步，但是事实上，甲通常会争取到 10%左右的降价幅度，而乙取得的降价幅度的落点仅在 5.2%至 5.5%之间。

心理学家细心研究这个“遇强则强、遇弱则弱”的原因，他们得出的结论是，在社会教育以及国家政策下，人类的潜意识会习惯性地同情弱者。当我们谈判对象的能力明显比我们差时，我们就不会赶尽杀绝。另一方面是因为得不到成就感。但反过来，如果对手比我们强或旗鼓相当，就会激起我们挑战、好胜的本性，情绪会变得激昂，也更容易设定较高的标准。

如果我们是弱势的一方，那就让对方相信他们是强势方，具备许多我们所没有的能力（包括赞美对方过去的谈判案例、和委托人之间的密切关系，等等），可以让他们降低与我们力争到底的期望，换句话说，他们潜意识中会同情我们，并放松对部分条件的苛求，有助于我们在“较高的底线”上达成协议。

既然我们是弱势的一方，那就不妨向小孩子学习一些沟通的技巧。

纯真、乖巧、热情。我们在谈到小孩子时，脑子里想到的都是这些词汇。但是还有一组词汇也同样适用于他们——顽固、坚定、霸道，还有赢家。

如果要和孩子们争论什么事，最终获胜的往往是他们，而父母则会败下阵来。很多父母都会对自己说：“我们恐怕现在就得下楼把孩子的玩具小象买来吧，因为最后我们还是会答应去买的。”

可以这样说，面对强势，小孩子是最棒的谈判高手。

那么这种小孩子想要什么就能得到，反而是家长一贯迁就的情况是怎么发生的呢？一个 40 多岁的商场精英如何会输给一个不懂世事的 4 岁毛孩子呢？更重要的是，成年人如何能够掌握小孩子所拥有的那些以弱克强的技能呢？

小孩子为什么在“谈判”中常常会获胜？我认为较为合理的原因是：他们会根据具体情况采用不同的技巧，包括我们大多数人在社交中已经摒弃的某些伎俩。

下面介绍一些小孩子沟通的技巧，如果你能在谈判中用上，几乎可以做到屡试不爽。

（1）语气纯真

孩子们说话总是带着童声很招人喜爱。但在谈判中，我并不是主张你嗲声嗲气的，而是要用孩子的“软语句”替代我们的“硬语句”，尽量排除太刚硬的词句。

在实际的谈判中，有很多话之所以说出来会让人觉得刚硬、不中听，不是因为这些话没道理，而是因为否定得太快。例如当客户抱怨时，我们第一时间回答他：“事情不是这样……”、“你搞错了……”那大概就别对谈判抱有期望了。因为这时对方接收到的信息是你的“拒绝”，尽管你说得再有道理，对方的心里已经开始反抗你了。

尤其当我们处于劣势地位时，直接否定或态度太强硬，并不会让对方觉得我们有骨气，只会让他们觉得下不了台。相反，只要我们在出口否定前，想想是不是有可以替代直接否定的说法，通常就能得到较好的结果。例如同样表示不赞同，“我们是不是能针对这点再做讨论”，就比“我认为这样不妥”更容易让人接受与认同。

孩子们还能创造出模棱两可的语句，我们如果能在谈判中加以应用，就可避免因为言辞尖锐而形成对立。

谈判高手在进行谈判时，面对对方从来不会使用“一定”、“绝对”这些词句，而会用“我认为”、“一般来说”来代替。当然我们也得避开“可能”、“也许”这些容易让人觉得你没把握的语句，可别弄巧成拙了。

（2）做自我

小孩子不会扮演不同的角色来适应某种环境。他们就是些孩子，毫无伪装和掩饰。而且他们彼此都了解对方，知道谁比较含羞，谁更能吵闹，谁喜欢吹牛，谁能讲逗人的笑话，谁口袋里总是有很多玩意儿，等等。他们很少把自己伪装成另一种人。

这种能力可以帮助你简化和加速谈判过程，因为你不必首先洞察对方扮演的是什么角色，不必试着去深究他们的内在动机或打算是什么。

如果你能做到保持自我，做到使别人相信你是表里如一的，那么别人就会认为，正是因为有了你，事情才进展得十分顺利。

（3）搞“协作”

孩子们知道，如果共同协作，常常能更快地完成更多的任务。他们常常结成一个小团体，在这个团体内没有内耗，可以集中每个人的智力资源。

对孩子们来说，小团体的成员可能是一起打篮球或踢足球的伙伴，可能是自己的同学，也可能是他昔日吵过嘴、打过架的人。

同样，我们也要学会“合作”——学会跟自己的朋友合作，学会跟自己的对手合作，甚至学会跟自己的敌人合作。

有一位王先生专卖复印机。原来的供货商因为质量出现问题，销量开始下降，王先生决定换一家供货商，问题是这家他看上的、颇有名气的供货商要他一年至少得进货 600 台，才能享受优惠价，否则宁可不接这张单子，这让王先生苦恼了好一阵子。他心想："一年 600 台？按过去的状况，300 台还差不多……"

这时他突然想到了他长期以来的竞争对手，二话不说拨通了电话，向对手说明了自己的处境和合作意愿，没想到这位同行也碰巧遇到类似问题，两人洽谈后仔细盘算，发现利润整整比未换供应商前多了 100 万。最后他们索性决定合伙，一起来消化这 600 台复印机的订单。

（4）"耍脾气"

耍脾气是小孩子最基本的交涉手段。吵闹最凶的往往都能得到自己想要的东西。只要想一想沃尔特·迪士尼公司的艾斯纳和微软公司的盖茨，就对此不难理解了。这两位是出了名的暴脾气，但想要什么都办得到。

在谈判中"耍脾气"并不是让你去大吵大闹，而是让你该弱的时候弱，该强的时候强。刚柔相济，可以使谈判更主动。

看来，只要你能随时调整自己的弹性立场，向孩子们学习，就会从劣势地位翻身，实现"双赢"。

3. 装装"糊涂"又何妨

孩子们在沟通时还有一个技巧——装"糊涂"。

他们在运用这个技巧时有两种表现，他们要么装作没听明白，要么装作没有听见。比如某个孩子会用逐渐升高的语调问："什么？什么？什么？"最后，其他孩子不再和他争辩了。出于无奈，他们会接受这样的事实：和这个孩子说不明白。

不过成年人假装没听见，仅适合这样一种情况：你永远也不会和对方共事了。如果是在自己的公司这样做，大家会觉得你不听他人意见或缺乏敏感性。而你假装听不懂对方要什么或说什么，就可以起到在未做好充分准备之前推迟谈判的作用。

在谈判时故意装“糊涂”有三个好处：一是可以争取时间，二是能让对方放松戒心，三是可以损耗对方的耐心。

以第一点来说，装“糊涂”可以让我们不必马上做决定，反正“这我真的不知道，恐怕得回去请示”，只要“一问三不知”，对方也拿你无可奈何。

我想到一个故事：

有位旅客走进一家商店，好心告诉老板：“老板，你的橱窗广告不但字母拼错了，语法也不对，你都没注意到吗？”

“不瞒你说，我这样写，大家以为我是个傻子，都进来买东西，想占我便宜。感谢这广告，它可帮我赚了不少钱呢！”

如果在谈判前，我们就通过言语、行为让对方相信他所面对的人一点都不专业，对方全力以赴应对的劲头就大大降低了。

有过这么一个著名的谈判例子：

有个美国谈判专家和日本人谈判，当美国人介绍完情况后，只见日本人一脸严肃，摇摇头表示听不懂并要求对方再讲一次，美国人只好照办。没想到这样的情形居然一连发生三次，使美国人不仅失去了耐心，理智也尽失，最后竟然以极低的条件签约，只求谈判赶快结束……

使用装“糊涂”这个烟幕弹总会不用耗费太多力气就能达到目的，即使是谈判新手也能运用自如。

当然，装“糊涂”并不是要你真的装疯卖傻，而是有时候自己不需要反应太快。

试着回想在以往你与反应迟钝的人是如何交涉的。你那灵活的比喻，天花乱坠的说明对他都无效。

每次向聋哑人回答问题时，人们总是提高音量，又比又划的，为什么？你急于替他们解决问题。

这说明，弱者往往能在交涉中达到目的。

比如，银行通知客户超过了分期付款的期限，贷款者用儿童般的声音答道：“我不懂。”这时，银行方面就觉得贷款者并非故意拖欠而是因为不了解规矩，那么银行方面就会给贷款者更多的解释来帮助他弄懂，如果贷款者还是不明白，银行还会向他提供建议，比如申请延期，这么一来，贷款者的目的就会轻而易举地达到了。

在谈判中，看似愚笨的一方往往会占到便宜；言语笨拙的往往会胜过口齿伶俐的。

所以，你偶尔也要试着去说：

“我不知道。”

“我不懂。”

“帮帮我。”

“我不清楚你的意思。”

将这些语句适当地插入你的谈判语言中，就会有意想不到的效果。

第一次世界大战之后，土耳其人开始扬眉吐气了，他们打败了作为英国支持的希腊。而当时英国政府却咽不下这口气，他们拉拢了法、意、日、俄等国家，与土耳其在洛桑谈判，企图胁迫土耳其签订不平等条约。

土耳其派了伊斯美出席。伊斯美这个人不但个头小，听力还有点问题。

英国派出的是当时的外相克尊，这人长得五大三粗，声如洪钟。

克尊一出场，根本不把伊斯美放在眼里，气势汹汹，不可一世。

伊斯美充分发挥听力不佳的“优势”，对土耳其有利的话，他都能听见；对土耳其不利的话，他都听不见，还一再表示：

“您能表达得更清楚些吗？”

克尊大发雷霆，挥拳吼叫。但伊斯美一如既往地坐在那里，显出一副若无其事的样子。

克尊被弄得筋疲力尽。

在洛桑谈判的 3 个月里，伊斯美面对列强以战争相威胁的局面，坚持以静制动的策略，维护了土耳其的利益。

在一次风灾里，一位医生的房屋被损坏，他找了一位名叫戈汉的谈判高手替他跟保险公司谈判赔偿的事。

理赔员坐在戈汉的客厅里，一边拿资料一边说：

“戈汉先生，我知道你是谈判专家，一向都针对巨额款项谈判，恐怕我无法承受你的要价。我们公司若是只出1000元的赔偿金，你觉得怎样？”

戈汉没有回答，只是傻笑了一下。他的原则是不论对方提出的条件如何，都表示出不满意。而且据以往的经验，当第一种条件开出后，接下来就会是第二种，甚至是第三种。当理赔员用到“只出”的字眼时，就意味着他对自己所提的数目很难为情。既然他自己都不好意思，别人又何必接受。

理赔员又说：

“哦，请别介意我刚才的提议。我再加一点，2000元如何？”

“加一点？抱歉，嗯……啊……”

理赔员继续说：

“好吧，3000元，怎么样？”

戈汉又傻笑了一会儿，说道：

“3000元？嗯……我不知道。”

为什么他说“嗯……我不知道”呢？因为他知道这样回答的效力无穷。

这件理赔案件终于在9500元的条件下和解。

后来，戈汉回忆道：“那时，我完全无法想到结果会是如此完美。由于我对这次风险的赔偿问题并不是内行，所以只有装傻，但得到了最高的赔偿额。”

我们还可用装“糊涂”来对付饶舌的对手。

如果对方正在热情地讲述着，你却表现得极不耐烦，或无动于衷，那都是不礼貌的。

你不妨采取这种方式装“糊涂”：

——不时地端起茶来劝饮。

——不时地看表。

多数人见到这种姿态都会终止自己的谈话的。

谈判中，恰到好处地装“糊涂”是一种艺术。只要坐上谈判桌，我们就必须成为“谈判桌演员”，相对的，我们也会遇到各式各样的“谈判桌演员”。

有时会遇到一种锋芒毕露、咄咄逼人的谈判对手，他们以各种方式表现其居高临下、先声夺人的挑战姿态。比如，提高嗓门说话；情绪激昂时，离开座位，站起来挥舞双手陈述自己的观点；以一种自负，甚至略带傲慢的眼神扫视对方；毫不掩饰地想使谈判围着他的指挥棒转，并流露出不屑于倾听对方意见的神情，等等。

对于这类谈判者，装“糊涂”是一种十分有效的策略。这也是装“糊涂”的好处——能损耗对方的耐心。

这种战术的目的在于通过许多回合的拉锯战，使趾高气扬的对方感觉疲劳、生厌，以此逐渐地磨去其锐气，同时将我方的谈判地位从被动的局面中扭转过来，到了对手精疲力竭之时，我方即可反守为攻，本着以理服人的态度，摆出我方的观点，逼迫对方接受我方的各项条件。

郑板桥说“难得糊涂”，而在谈判中“揣着明白装糊涂”是更难的技巧，毕竟大智若愚嘛。

4. 退让是一种能力，而不是无能

在谈判中，当对方拒绝你时，你可先往后退一步。大家千万不要小看这一步，因为这一步完全是场心理战，它不但可以让对方稍微降低警戒心，还会产生一种“我们可以控制他”的安全感，接下来你再提出其他请求，对方基于“这个人是安全的”的念头，接受你的概率就会大一点。

我认为，只要是符合双方的利益或为了在弱势时保存自己的实力，学会退让是一种能力而不是无能。

日本的“冷面大王”岛村，原本是一个穷人，但他很会做生意，结果发了大财。开始，他把成本200日元的冷面按照200日元的价格卖出，于是前来吃面的人非常多，加上他的服务态度非常的好，他的冷面得到了很好的口碑。

完全无利润的生意做了一年以后，“岛村的冷面好吃又便宜”的名声传遍日本。

于是，岛村又按计划采取了第二步行动：他借着物价上涨的时机对顾客们说："到现在为止，我是1分钱也没赚你们的，但现在物价普遍上涨，如若长此下去，我只有关门这一条路了。"他的诚恳感动了顾客，而且很多人都已经吃惯了他的冷面，如果他真的关门了，反而没有地方去吃了，故此即使岛村将冷面的价格提升至250日元，人们也会心甘情愿地付上。

与此同时，他又与面粉供货商说："你卖给我100日元1斤的面粉，我在经过多种程序加工之后，是照原价卖出的，因此才有了这么多的生意。这种无利的生意，我是不能再做下去了。"

厂商看到他列出的各种费用清单，便大吃一惊，头一次遇到甘愿不赚钱的生意人。厂商也感动不已，而且他也不想失去这个面粉需求的大户，于是一口答应以后每斤面粉以90日元的价格供应。这样两头一交涉，一碗冷面就赚了60日元。几年后岛村就从一个穷光蛋变成了日本冷面大王。

"以退为进"的特点就是先退一步，然后再进，先退是为了在培养好有利于自己的时机后更顺利地前进。

"退"和"让"是基础，而"进"则是建立在"退"的基础之上的，

在谈判中，"退"，要恰到好处。这就需要注意几个问题：

（1）不要一开始就"退"

任何有谈判经验的人都会告诉我们，如果在谈判一开始我们就妥协（即使是计划内的妥协），接下来一定会被迫做出更多退让。

举例来说，在一场公司的合并谈判中，你的目标是对方不得裁撤20%以上的职员，于是你在谈判一开始就告诉对方，你至多只能接受他们裁员10%。当然，这时对方并不会马上答应，而是把这个议题留待后面讨论。

这期间，你们会开始讨论资金和财务状况，接着你会听到对方说，依合并后的资金来看，不可能保留多于60%的员工……

不知道你注意到没有，这时候你提出的数据（最多裁员10%）已经

变成条件上限了。

这里面最大的问题在于，大家都知道一开始的退让不会是你的底线，所以他们进一步判断你的需求。尤其当你根本还不清楚对方将提出什么条件时就退让，等于是告诉对方要先做防范。

所以，退让的最好时机，至少要等到你掌握对方大部分信息的时候，唯有知道对方手上有什么牌，才能确保我们所做的退让不会成为对方利用的筹码。

（2）务必让对方感受到你的压力

大家可以想象一下，如果你向对方要求降低报价，没想到对方完全没有考虑就直接告诉你“没有问题”……此刻你心里想的是什么？我想应该不会是受宠若惊吧！你多半会觉得之前根本就是被恶意抬高的报价给耍了，然后猜测对方的底价一定比你预期的更低。

因此，退让时要让对方感受到我们的压力，最好的办法就是一步步缩小让步的幅度，这种做法可以有效地制造紧张气氛。另一个要点是千万不要太干脆，犹豫和迟疑能让对方不安，有时候我们甚至可以要求一点休息空档，或者打电话回公司向上级询问……这些动作都能有效在对方心中建立起“他已经无路可退”的印象。

（3）设置虚拟底线

谈判领域有句话是这样说的：“最差的谈判者，就是自己向对方提出底线。”有些人在退让时，会认为退到真正的底线时，就是自己的最后一步，但我们永远不知道对方还有哪些隐藏的筹码可以继续逼退我们，所以把真正的底线放在退让条件中，真的会很容易惨败。

因此在真正的底线上面设置一个“虚拟底线”，在退让的过程中拿虚拟底线去应付，不到最后关头不暴露自己的真正底线。

5. 最后一退——拒绝谈判

一般来说，谈判中的“以退为进”可以分成三个层面：

第一个层面是在谈判中先行让步，让对方放松戒备再行反攻。

第二个层面是假意退出，让对方因紧张而妥协。

第三个层面则是直接拒绝谈判，因为再谈下去也不会有更好的结果。

通常在对手表现强势时，大家会采用第一个层面的方法，毕竟不管对手多强势，你给他甜头他总不会拒绝吧！这样就可以让事情变得简单一点。

第二个层面方法则适用在对手处于弱势时，当他必须依附你，你却想弃之不顾时，他们就会尽量放宽条件，以防谈判破裂。

谈判时最理想的状况是“和平协商”，当双方都积极想在最短时间内取得共识时，就会尽量维持理性平等的对谈。而在双方都态度强硬，或是其中一方不乏合作对象，甚至没有立即合作的必要时，如果你不展现出强势的一面，肯定会被“生吞活剥”。这时只有最后一退——拒绝谈判。

律师就经常采取这样的做法，他们会扔给对方律师一句话：“咱们法庭上见！”

美国的一家大航空公司要在纽约建立航空站，想要求爱迪生电力公司以低价供应电力，但遭到电力公司的拒绝，眼见成功无望，商谈陷入僵局。

航空公司便灵机一动，索性不谈判了，声称自己建一座发电厂更划得来，他们不再需要依靠电力公司而决定自己建发电厂。

电力公司听到这一消息，当然不能眼睁睁看着到嘴的肥肉跑掉了，于是立刻改变原来的谈判态度，主动请求政府有关部门从中说情，表示给予这类新用户优惠价格，航空公司此时见水到渠成，便同电力公司达成协议。

“以退为进”虽是良策，但这个“退”是需要有一定的后盾的。心中没有十足的把握，轻易使用此计，难免弄巧成拙。

如果航空公司不了解电力公司的底细，不能确定电力公司非常希望得到这笔生意，那么受损失的就很有可能是航空公司了。因此，“以退为进”

的后盾是你所掌握的对方的情况，你所掌握的对方心理。你退一步，对方会做出令你满意的行动。“退便是进”，是这一招的关键所在。

下面讨论一下，当对方拒绝谈判时，我们该怎么办呢？

首先要认识到这一招是谈判的一种手段，对方的目的是把同意谈判作为讨价还价的筹码，以我方获得实质上的让步。

再就是，与对方谈谈他们拒绝谈判的理由。可以直接与对方交流或通过第三方进行沟通。不要因为对方拒绝谈判就抨击他们，而要找出对方拒绝谈判的利益所在。他们是否担心同你谈判等于认可了你的地位？与你谈判的人是否会被指责为“强硬”？他们是否认为谈判会破坏内部已经岌岌可危的团结？还是他们仅仅认为谈判不可能达成协议？

然后，你可以提出一些选择方案，比如，通过来往信函进行协商，通过第三方进行谈判，或者鼓励业界有威望的人以私人身份来讨论问题。

6. 要积极，但千万别着急

你在赶飞机时，目的似乎变得极为重要，但回头想想，自己完全可以乘下一班飞机。谈判也往往让你面临类似的处境。比如，你担心不能成交一笔大生意，因为你已经在此投入巨资。在这种情况下，一个最大的危险是，你可能会过快地妥协，同意对方的条件：“我全部同意，结束谈判吧！”你可能会以签署一份自己本应拒绝的协议结束谈判。

这就好像我认识的一个女孩，上个月交了个新男朋友，不到一周，男朋友邀请她回家和家人用餐培养感情，女孩是答应了，只是没想到用完餐后，她马上决定分手。

原来用餐时，男方父母居然开始催着他们结婚生小孩，男方在一旁只是笑，好像很赞成的样子。才20岁的女孩吓都吓死了，哪敢继续交往下去？

同样，在谈判时你们明明才进行到第一步骤，你却不时地催促对方赶快下决定，接下来肯定也不会有好结果。

在这里我想告诉大家的是，当你谈判人过于急着得到结果时，就容易考虑不周全，甚至被人乘虚而入。

几年前，某地发生过一场劳资纠纷，有家工厂员工要求厂方加薪并改善员工福利，更要签下至少两年的聘用合同，否则就破坏机器。

虽然资方可以请警察出面驱逐员工，可是这些机器是工厂的命根子，要是激怒员工导致机器被破坏那可就损失重大了，于是资方马上找来一位专家出面谈判，讨价还价后，员工同意给业主一周的时间考虑，而资方为表诚意，愿意出钱资助员工到国外旅游一周，员工听到消息一个个兴高采烈，纷纷整装出游。

一周后，员工度假回来，才发现工厂里的机器已经被搬空，也就是说，他们谈判的筹码已经完全失去，而资方则依劳动合同发给遣散费并协助转业，员工也再无法威胁资方。

这正是“心急吃不了热豆腐”，员工因急着要有谈判结果而落了下风。

我们常常可以看到，一些商店为了促销打出“只有一天，前一百名来店者一折优惠！”这种促销手法，就是要让消费者“急”，一急起来动作就快，动作一快就来不及在乎细节，

这种“限时特价”策略也常出现在久无下文的谈判中，这时千万别相信对方告诉我们的“今天不下决定我们就找别人”的话，如果有别人可找，他就不会到现在还坐在我们面前了。

“积极”和“着急”，会给对方完全不同的感受，前者会显露出想解决问题的决心，后者只会让你不停暴露自己的底线。虽然对很多人来说，在谈判中“求得结果”是当务之急，但也请大家别忘了，在谈判中取得“想要的”条件，才是谈判的主要需求，也是公司或上司希望你达到的目标，千万别因为一时情绪因素，把发球权主动让给对手。

谈判要等你自己说结束时，才算结束。无论对方回绝你几次，或反驳你的说法，或给你难堪，那都不重要。你要不断地要求，锁定目标（别让自己成为焦点）。坚持长时间集中精力，以达成目标。

我觉得苏斯博士的经典著作《火腿加绿蛋》是谈坚持话题的书中写得最棒的一本。经过上百次可爱的请求和拒绝后，主角终于开心地吃下绿蛋

和火腿。

书中有一句名言："坚持久了就会产生自信，相信自己可以做到。"希望你能领会。

7. 人人都希望得到别人的尊重

弗洛伊德曾这样说："凡你我所做的事，都起源于两种动机，那就是性的冲动和能成为伟人的欲望。"

美国心理学家威廉·詹姆士也有这样的说法："人类天性至深的本质，就是渴求被人所重视。"他并不是说"希望"，或"欲望"，或是"渴望"，而是说了"渴求"被人所重视。

这是一种痛苦的，而且亟待解决的人类"饥饿"，你如果能满足这种内心饥饿的人，就可以将其掌握在手掌之中。

这种自重感的欲望，激发了曹雪芹写出他不朽的名著。这种自重感的欲望，使比尔·盖茨完成了他的设计。这种自重感的欲望，使李嘉诚积存了他一辈子花不完的钱。

历史上还有很多名人为了自重感而奋斗的有趣事例。即使是华盛顿，也愿意人们称他是至高无上的美国总统；哥伦布向皇家请求获得"海洋大将"和"印度总督"的头衔；女皇凯瑟琳，拒绝拆阅没有称她为"女皇陛下"的信件。

这种欲望，也能使你我穿上最新颖的服饰，驾驶最漂亮的轿车，谈论自己聪明伶俐的孩子。

人人都有自重感，希望得到别人的高看和尊重。自重感越强的人，越是希望自己与众不同，不愿与一般人混为一谈。

如何顾全对方的自重感是谈判中的一大学问，也是谈判成功的关键因素。

每个人都认为自己是重要的，所以对方讲的话，你要说"有道理"、"我很认同"、"你讲得很好，我学到了很多东西"。常常这样讲，对方就会喜欢你。

如果一个人觉得自己受到对方的尊重，他肯定会变得宽容、友好，易于合作。相反，当一个人的自尊心受到打击，他就会变得像刺猬一样充满敌意。

培根在《论谈判》里说："想和人谈判，一定要先了解对方的个性和目的。顺着他的毛摸，才能达到你想要的目的。"这段话已经说出了人的弱点——每一个人都喜欢别人肯定，每一个人都喜欢听到好话，所以你要给别人喜欢的东西——真诚的赞美。

赞美一个人的行为，这个人就会重复不断地加强这种行为。人会朝你赞美的地方走，人会朝你赞美的方向做，所以你要常常赞美你的谈判对手。

8. 名人是生意人，我也是生意人

世界级的推销大师乔·吉拉德说："信心是谈判人员胜利的法宝。""在谈判过程的每一个环节中，自信心都是必要的成分。"

谈判是与人交往的工作，谈判者要与形形色色的人打交道。既有财大气粗、权势显赫的人物，也有博学多才、经验丰富的客户。谈判人员要与在某些方面胜过自己的人打交道，并且要能够说服他们，赢得他们的信任和欣赏，就必须坚信自己的能力，坚信自己能够说服他们。如果谈判者缺乏自信，害怕与对方打交道，胆怯了，退却了，最终会一无所获。

2001 年 5 月 20 日，美国一位名叫乔治·赫伯特的推销员，成功地将一把斧子推销给了小布什总统。布鲁金斯学会得知这一消息，把刻有"最伟大推销员"字样的一只金靴子赠予乔治·赫伯特。这是自 1975 年该学会一名成员把一台微型录音机卖给尼克松总统以后，又一成员获得如此殊荣。

布鲁金斯学会以培养世界上最杰出的推销员著称于世。它有一个传统，在每期学员毕业时，设计一道最能体现推销员能力的实习题，让学生去完成。克林顿总统当政期间，他们出了这么一个题目：将一条三角裤推销给现任总统。8 年间，有无数个学员为此绞尽脑汁，可是最后都无功而返。克林顿卸任后，布鲁金斯学会把题目换成：将一把斧子推销给小布什总统。

鉴于前 8 年的失败与教训，许多学员知难而退，个别学员甚至认为，这道毕业实习题会和克林顿当政期间的实习题一样毫无结果，因为现在的总统什么都不缺少，再说即使缺少，也用不着他亲自购买。

然而，乔治·赫伯特却做到了，并且没有花多少工夫。一位记者在采访他的时候，他是这样说的："我认为，把一把斧子推销给布什总统是完全可能的，因为布什总统在得克萨斯州有一个农场，里面长着许多树。"于是他给布什总统写了一封信，说："有一次，我有幸参观过你的农场，发现里面长着许多矢菊树，有些已经死掉，木质已变得松软。我想，你一定需要一把小斧头，但是从你现在的体质来看，一把新的小斧头显然太轻，因此你仍然需要一把不甚锋利的老斧头。现在我这儿正好有一把这样的斧头，很适合砍伐枯树。假若你有兴趣的话，请按这封信所留的信箱，给予回复……"最后他收到了总统汇来的 15 美元。

乔治·赫伯特成功后，布鲁金斯学会在表彰他的时候说，金靴子奖已空置了 26 年。26 年间，布鲁金斯学会培养了数以万计的推销员，造就了数以百计的百万富翁，这只金靴子之所以没有授予他们，是因为学会一直想寻找这么一个人，这个人不因有人说某一目标不能实现而放弃，不因某件事情难以办到而失去自信。

每当你出入各大企业，设法说服他们签订合同时，就常有此种感受。其间层层的阻碍仿佛都是为了让你知难而退。

首先，你要花费数周，甚至数月的时间才能见到最高决策主管。好不容易约在对方的办公室见面，那阻力不但未曾消失，反而变本加厉。

——办公室比较宽敞。

——座椅的丝绒比较厚。

——桃花心木会议桌比较光鲜。

——墙上的名画更值钱。

——瓷器茶具比较精致。

——助理人员阵容更庞大。

——连秘书也比较安静。

尽管如此，你也要一人力挽狂澜。

如果说，你每次谈判都能一举成功，首次见面就争取到大笔合约，那只有在童话故事中才会发生，现实人生绝非如此。

在失败中你会逐渐获得一个重要结论，即不论这些商业巨子如何以势压人——有一位董事长的办公桌建在高台上，使人必须仰望他；还有一位身后的灯光耀眼，令人看不出他脸上的表情——但他们毕竟也是凡人，希望自己体面、受欢迎——就跟你我一样。只要掌握人性中的这一面，那些瓷器、座椅、艺术精品也就不重要了。我们可以平起平坐！

有一个推销员一见到大人物就吓得要死，他去咨询一位著名的心理学家。

心理学家问他："你去见一个大人物，是不是愿意用手着地爬进他的办公室，拜倒在他脚下？"

"当然不愿意！"推销员气愤地说。

"那你为什么在心理上卑躬屈膝呢？"

心理学家又问他："你走进一个大人物的办公室时，愿意像一个乞丐一样伸着你的手，乞讨一角钱去买咖啡吗？"

"当然不愿意！"

"既然如此，你就应该明白，你过分关心对方对你的看法，实际上就等于乞怜于人。你难道不明白，你这样做就是伸出手去乞求他人的好评，乞求他把你当人看。"

日本的顶级推销员原一平加入保险公司后第一次上门谈判，到达客户办公地点后才知道，谈判安排在公司副总裁的办公室，与他谈判的是公司副总裁。当他走进办公室，看到豪华的装潢和威严的副总裁时，心里不由产生了自卑的感觉，然而，对方的一句话很快使他恢复了自信："原一平先生，你是生意人，我也是生意人，请给我一个好价钱。"

顶级推销员之所以会成为顶级推销员，就在于他们对自己的公司与产品及个人都有高度的自信。“你是生意人，我也是生意人”就是这句话，使原一平认识到，自己在生意上与客户是平等的，现在不是在比较自己和客户的身份和地位，而是代表公司为客户提供他们所需要的服务！

当我们以公司的名义与地位悬殊的人接触的时候，我们应该清楚自身的价值是传递一种平等的交流，大可不必去做个人地位的比较。在真正高尚者的眼中，对一个人是否尊重，是与人的地位、财富和境况无关的。人可以没有金钱和地位，但是人的品格、道德和修养同样值得他人尊重。

我们与大人物接近，最重要的就是不要忽略了他们也是人。他们也和你一样是人，这就是你和他们接触最坚实的基础。你应把他视为一位有血有肉的人来对待，对他提出一些能够表达感情的问题，不要把他视为超人。他像任何人一样，敌不过疲倦，也承受不住伤害。他可能比你更脆弱，而且与你一样害羞。不要认为他的人格真的就如他借以出名的职业一样；他向公众所投射的信心、睿智、仁慈等形象，实际上往往是杜撰的。

在你去拜访哪位名人之前，你可以做些谈话内容的准备。

当你首次和一位大人物见面时，正确地称呼对方是极为重要的。同样的道理，当你不能确定一个大人物的身份时，你就不要不懂装懂。这也是极重要的。人们往往认为自己对某件事情茫然无知是难为情的事情，因而常常忘记自己面对无知应该诚实。

同各式各样的名人谈话时，你的开场白应尽量积极。如“这些日子以来你是如何打发的呀”，或“我们很久没有见你在电视上露面了，你去哪儿了呢？”或“这么久不在舞台上露面，会不会觉得无聊呢？”这些消极的开场白，要尽量避免，这么说无论如何也无法使他表达真情了。再接下去的谈话，都成了废话。

在多数情形下，与名流谈孩子是不会错的。你可以问对方有几个孩子，多大了，他们现在在哪儿，以及孩子读的学校好不好。如果你已当了爸爸或妈妈，那么你就更具备和他们谈孩子的资格了。你可以告诉他们，你的孩子已经长大，你也可以向他们表达你对孩子留长发的感觉，等等。但话题不要扯得太远，要适可而止。

有时我们还可能遇到一些大亨，同这些大亨谈话你更应该小心谨慎，因为他们长期漂泊在商海，使他们形成了一种特有的生活准则，他们往往比名人还要敏感，他们的富有往往就是别人与其谈话发生困难的问题所在。他们的财富使你对其敬而远之——不仅是在心理上，实际上你的生活方式就和他们有很大的一段距离。

当你遇到一位大亨时，你应该设法让他说往事。过去的工作是否比现在更有趣？他得到现在这个地位的关键是什么？早年是谁助他成功的？当年的老板是否使他紧张？他的百万财富是不是他自己创造的……如果这些问题问得他不大自在，你就准备跳到其他问题上去。不要盯着继续问，那会很不愉快的。

如果他不愿意打开他的记忆之箱，你就问他的工作时间，问他如何承担那么重大的责任，问他爱好哪些休闲活动，以及怎样布置他的办公室。今天很多大亨的办公室，布置得气派豪华，很有一谈的余地。同时，不要忘了大亨也是血肉之躯，也是一个普通的人，你和他交谈数语之后，还可以和他谈谈他的健康问题。

人们最大的资本就是信息，而且每个人的知识恐怕都比想象中的要少。别低估高级主管或总经理对这些小事情可能产生的兴趣。

一般人多以为大公司的董事长、总经理都是无所不知、无所不能的，其实不然。固然这些人多是通才，可是对信息依然来者不拒。实际上，阶层越高的人越是渴求看似无足轻重的信息。

如果你是对女性大亨持有偏见的人士，那么当你碰上女性大亨时，干脆远远地避开她算了。她对持有偏见的人是很敏感的，因为在她的生活中，她经常遇到这样的人。这时你的进言，往往会被视为批评与攻击。

当你同时应付两位名人时，不要只顾你所景仰的一位，而置另一位于不理，这会使他们两位都不自在。如果你想和他们继续谈话，那么你必须保证话题是他们二位都能参与意见的。换句话说，你要确保“三人谈”的方式。如果你对另一位名人并不熟悉，而且在经过介绍之后，你仍想不起有关他的任何事迹，你也不能对他有所疏忽，你必须一视同仁地表现出同样的热情和友善。

第七章　聪明人与聪明人的心理较量

谈判是一个尊重对方心理的过程，也是一步一步引导对方心理的过程。

1. 僵局并非死局，定有破冰之道

谈判桌上的变化如同天上的浮云一样，双方观点、立场的交锋是持续不断的，当利益冲突变得不可调和时，僵局便出现了。

谈判中的僵局，其形成都是有一定原因的。只要我们能够对这些原因准确地加以判断与适度地把握，突破僵局也就有的放矢了。那么，当我们认真而冷静地对僵局的成因进行分析时，就会发现，其原因无非包括以下几个方面：

（1）立场观点的争执

纵观许多谈判实践，产生僵局的首要原因就在于双方立场观点的不同。

谈判过程中，如果双方对某一问题各持自己的看法和主张，并且谁也不愿让步时，往往容易产生分歧，争执不下。双方越是坚持自己的立场，分歧就会越大。这时，双方真正的利益被这种表面的立场所掩盖，而且为了维护各自的面子，非但不愿做出让步，反而会用顽强的意志来迫使对方改变立场。于是，谈判变成了一种意志力的较量，谈判自然陷入僵局。

经验证明，谈判双方在立场上关注越多，就越不能注意调和双方利益，也就越不可能达成协议，甚至谈判双方都不想做出让步，或以退出谈判相要挟，这就更增加了达成协议的困难。这容易致使谈判一方或双方丧失信心与兴趣、最终使谈判以破裂告终。

（2）有意无意地强迫

谈判中，人们常常有意无意地采取强迫手段使谈判陷入僵局。特别是一些大型的谈判，由于不仅存在经济利益上的相争，还有维护国家、企业及自身尊严的需要。因此，某一方越是受到逼迫，就越是不会退让，谈判的僵局也就越容易出现。

由强迫造成的谈判僵局是屡见不鲜的。比如在国际业务交往中，有些外商常常要求我方为派往我方的外方工作人员支付高薪报酬，或要求低价包销由其转让技术所生产的产品，或强行要求购买其已淘汰的设备，等等，都属于强迫行为。如果我方不答应，就反过来以取消贷款、停止许可证贸易等手段相威胁。有时，我国有些企业也用同样的方法强迫那些渴望与我们合作的外商接受苛刻的条件。诸如此类，都是导致僵局出现的原因。

（3）人员素质的低下

俗话说，“事在人为”，人的素质因素永远是引发事件的重要因素。谈判也是如此。谈判人员素质不仅始终是谈判能否成功的重要因素，而且当双方合作的客观条件良好、共同利益较一致时，谈判人员素质的高低往往也是起决定性作用的因素。

（4）信息沟通的障碍

由于谈判本身就是靠“讲”和“听”来进行沟通的。事实上，即使一方完全听清了另一方的讲话内容并能够正确理解，而且对方也能够接受这种理解，但这仍不意味着就能够完全把握对方所要表达的思想内涵。恰恰相反，谈判双方信息沟通过程中的失真现象是时有发生的。谈判中，由于双方信息传递失真而使双方之间产生误解而出现争执，并因此使谈判陷入僵局的情况是屡见不鲜的。这种失真可能是口译方面的，‘也可能是合同文字方面的。

（5）合理要求的差距

从谈判双方各自的角度出发，双方各有自己的利益需求。当双方各自坚持自己的成交条件，而且这种坚持虽相去甚远，但却合理时，只要双方都迫切希望从这桩交易中获得所期望的利益，不肯进一步让步，那么谈判就很难进行下去，交易也没有希望成功，僵局也就不可避免了。这种僵局出现的原因就在于双方合理要求差距太大，不能形成共识。在商务谈判实践中，即使双方都表现出十分友好、真诚与积极的态度，但是如果双方对各自所期望的收益存在很大差距，那么就难免会出现僵局。

僵局处理得当与否将直接影响谈判进程，进而影响谈判结局。因此首先应该了解并分析造成僵局的原因，从而采取恰当的应对措施。

僵局并非死局。我再三强调，谈判是根据价值来寻求双方的利益而达成协议，并不是一味通过讨价还价来做最后决定。当双方利益发生冲突时，应坚持使用某些客观的标准来做决定，而不是进行双方意志力的比赛。要把人与问题分开；要着眼于利益而不是立场；提出的方案要对彼此有利。

在谈判中出现僵局时，可采取以下策略或技巧。

（1）诚心、耐心地说服

现代市场已经进入关系营销时代。生意往来越来越建立在人际关系的基础上。人们总是愿意和自己所熟知的人、信任的人做买卖。生意场上是对手，私下里是朋友。“买卖不成仁义在”。获得信赖的最重要的因素就是待人以诚，童叟无欺。当谈判陷入僵局时，可通过一些有说服力的资料，如市场行情、产品质量、售后保证等劝说、提醒、引导对方。只要待人以诚，耐心说服，坦诚相处，相信对方也会做出相应的让步，切合实际考虑自己眼前的主张，从而做出适当调整，僵局自然会随之消失。

（2）讨价还价的循环逻辑法

对于涉及双方经济利益的重大分歧，往往会在推进中遇到巨大障碍，稍有不慎即陷入僵局。所以众多的谈判高手都采用适用于讨价还价的循环逻辑法：如果对方在价格上要挟你，可以转而与之谈质量；如果对方在质量上苛求你，可以转而与之谈服务；如果对方在服务上挑剔你，可以转而与之谈条件；如果对方在条件上逼迫你，可以转而与之谈价格。实践证明，这是打破僵局行之有效的循环逻辑法。

精明的谈判家在僵局中总能反复斟酌，冥思苦想，找到解决问题的途径。

（3）关键时刻出奇制胜

陷入僵局之前，谈判的一方往往使出“最后通牒”这招，迫使对方就范。这时我方不妨多听少说，多问少答，冷眼旁观，沉着应战。采用后发制人的策略，不到关键时刻不表态。待时机一到，反戈一击，常能出奇制胜。

美国一家公司的代表向我国某电缆厂出售无氧铜主机组合炉时，报价从220万美元、150万美元下滑至130万美元。见中方代表仍不同意签约，便大叫道：“你们毫无诚意，不谈了！”中方代表说：“这样高价还谈什么诚意，我们早就不想再谈了。”对方见中方不为所动，又坐下来交涉，下了最后通牒：“120万，不能再降了！”结果谈判破裂。美方代表拿出已订好的机票与中方代表做告别。这时中方代表才拿出两年前美方以95万美元将组合炉卖给西班牙的资料让对手看。

“这是两年前的事了，现在价格自然上涨了。”美方代表惊叫。

“不！”中方代表反驳。“物价上涨指数是每年6%，按此计算价格应当是106.7万美元。”

美方代表此时瞠目结舌，想不到中方代表还有这一手。最后，双方以107万美元成交。

实践证明，谈判中的僵局是一种客观存在，既不能完全避免也不要惊慌失措。只要认真地分析引发僵局的根源，然后对症下药采取灵活而又具有针对性的措施进行化解，就能化险为夷。僵局一旦突破，交易就会很快达成。

2. 凡事都有另一种可能

谈判充满着变数，分歧的出现会令双方都非常难堪，但又很难避免其发生。

许多经验不丰富的谈判者在困境面前不知所措，认为谈判即将破裂，没有办法扭转局面，完全丧失了继续谈下去的信心。其实凡事都有相应的解决之道。

不论是国际业务洽谈，还是国内业务磋商，双方之间发生磕磕碰碰是很正常的事情。这时，谁能够创造性地提出可供选择的方案，谁就能掌握谈判主动权。当然这种替代性方案要既能有效地维护自身的利益，又能兼顾对方的利益。

实际谈判中，达到谈判目的的途径往往是多种多样的，谈判结果所体现的利益也是多方面的。当谈判双方对某一方面的利益分割僵持不下时，往往容易使谈判破裂。其实，这实在是一种不明智的举动，之所以会出现这样的结果，原因就在于谈判者没有掌握多角度思考问题的方法。如果是一个成熟的谈判者，应该明智地考虑在某些问题上稍做让步，而在另一些方面争取更好的条件。

比如，在引进设备的谈判中，有些谈判人员常常会因为价格上存在分歧而使谈判不欢而散。其实他们在设备的功能、交货时间、运输条件、付款方式等方面尚未来得及涉及，就匆匆地退出了谈判。事实上，作为购货的一方，有时完全可以考虑接受稍高的价格，而在购货条件方面，就有更充分的理由向对方提出更多的要求。如：增加相关的功能，缩短交货期限；在规定的年限内提供免费维修的同时，争取在更长的时间内免费提供易耗品；分期付款，等等。这样做要比匆匆而散的做法要经济得多。

所以，我们在谈判中要学会打开思路，要有足够的灵活性，反复问自己还有没有“另一种可能”，充分考虑各种各样的替代方案。更准确地说，凡事都有另一种可能，而且通常不仅有“一种”。所以我们要问自己的是：能不能换一种双方更容易接受的方案。

关于谈判，有的人认为，谈判时的议题越多，谈判会越困难、越复杂。其实，谈判的议题越多，谈判越简单，因为你会有更多价值不相等的东西可以交换。我就喜欢尽量把很多的议题拿出来谈判，大胆地去设想，就能想到许多新的可行方案，或许其中某个替代方案就能够在满足对方利益的同时，也恰好实现了自身的利益。

比如，当一家人商量房子的最低卖价时，他们所要考虑的问题不是“应得”多少，而是假如在一定的时间内卖不掉房子，那该怎么办？是一直等下去、租出去、拆掉改建成停车场，还是重新装修房子，继续住下去？也许，某一个替代方案比以 30 万元卖掉房子更有吸引力。此外以稍低价卖出去总比无限期地等着别人来买要好。

有时候买主可能会说：“我们是按吨买的，我们不在乎谁生产的货，从哪里进的货。”他们企图把这笔买卖看成是针对某一个问题的谈判，试图说服你降价是唯一有意义的事情。遇到这种情况，你应该尽可能提出其他一些问题，比如发货、项目、包装，以便你能通过谈判这些条款达成交易。

谈判人员还容易落入的一个误区，就是认为价格是谈判中压倒一切的因素。要知道，还有其他因素对买主也很重要。你必须向他们保证产品和服务的质量。他们想知道你们是不是能做好管理上的监督，想知道你们在付款期限上的灵活性，想知道你们公司有没有经济实力做他们的贸易伙伴，想知道你们有没有训练良好、机动灵活的劳动力。只有你在这些要求方面让买主满意了，这个时候，价格才成为决定因素。

你可能很难做到让对方加价 30%，但你完全可以设计一种方案，在确保客户满意的前提下，让自己成功实现这一项目的既定利润。如，可不可以把某些必须做的额外工作转给对方人员来完成呢？可不可以把项目延长到下一个会计年度，从而在下一年的预算中安排这笔额外的费用呢？可不可以把今年的收益适当削减，把它作为未来某项重要工作的一项特殊投资呢？可不可以向客户展示一下，让对方认识到你所做的额外工作能节省的费用，然后请对方用节省下来的部分资金作为你的额外工作的报酬呢？

比如，自动剃须刀生产商对经销商说："这个价钱不能再降了，这样吧，再给你们配上一对电池，既可赠送促销，又可零售，如何？"

又比如，房地产开发商对电梯供销商报价较高极为不满，供货商信心十足地说："我们的产品用的是优质原料，是世界一流的生产线生产出来的，相对来说成本稍高。但我们的产品美观耐用，安全节能，况且售后服务完善，一年包换，终身维修，每年还免费两次例行保养维修，解除你的后顾之忧，相信你能做出明智的选择。"

幸好，谈判中有很多重要的因素，不仅仅是一个问题。所以，双赢的谈判艺术要求你像拼拼图一样把那些因素拼起来，让双方都感觉自己赢了。

3. 发挥谈判资源的最大效用

人们常认为，谈判实力是由财产、社会关系、政治后台和军事力量等诸多因素所决定的。事实上，谈判双方的相对实力主要取决于谈判双方能在多大程度上承受谈判破裂的后果。也可以说，你的最佳替代方案越理想，你的谈判实力就越强。

试想，一位有钱的游客看中了火车站附近的小贩兜售的小铜壶，想以低价买走。小贩虽然很穷，但他可能对市场行情了如指掌。他知道如果这位游客不买，他仍可以卖给其他游客。依他的经验，他能判断出自己何时能以较高的价钱将这只小铜壶出手。游客可能很有钱，但他在谈这笔买卖时，却是个弱势者，因为他不知道铜壶的成本是多少，以及哪里能找到类似的铜壶。几乎可以肯定的是，他要么与这只铜壶失之交臂，要么付高价买下来。游客的富有不但没有增加他的谈判实力，而且还削弱了他以低价购买铜壶的能力。为了把他的财富变成谈判实力，该游客必须了解在别的地方购买类似或更好看的铜壶所要付的价钱。

再试想一下，如果你去应聘，手头又没有其他工作机会——有的只是一些线索，想想你的心情会如何！想一下关于薪水的谈判将如何进行？试比较一下，假如你应聘时手头还有另两个工作机会供你选择，你这时的心情又会是怎样的，有关薪水的谈判将如何进行？差异就在于实力的不同。

个人之间的谈判是这样，团体之间的谈判也是如此。一家大工厂与一个小镇就是否应提高工厂税额问题进行谈判，双方的谈判实力并不取决于它们各自的财力、政治权势，而是双方的最佳替代方案。一次，美国的一个小镇与一家公司谈判，这家公司在紧挨着小镇的地方有一处工厂。结果，公司向小镇每年交纳的“赞助费”由30万美元升至230万美元。这是如何做到的呢？小镇方面非常清楚，一旦协议不成，他们将采取的措施是：扩大小镇的边界，把工厂划进来，进而征收100%的用地税，一年约为250万美元；而公司肯定是要保住工厂的，它除了达成协议外，别无选择。乍看起来，公司的实力似乎更强，它几乎为小镇提供了所有的工作机会，而小镇正处于经济困难时期，工厂关门或者迁址都足以毁掉整个小镇。公司目前的纳税支付着小镇公务员的工资，现在这些公务员要求得到更多。但所有这些资源由于没有转化为最佳替代方案，因而没有起到什么作用。小镇因为有吸引人的最佳替代方案，所以有能力左右与一家大公司的谈判。

制订你的最佳替代方案，积极寻找谈判破裂后自己所面临的选择，可以大大增强你的谈判实力。好的选择方案不会摆在那里等着你去拿，你必须自己去寻找。拿出最佳替代方案需要三个步骤：

第一步是提出措施。比如，甲公司到月底前还不能给你一份满意的工作？你能做些什么呢？去乙公司工作？去别的城市找工作？自己当老板？是否还有其他措施？

第二步是完善你的最佳想法，把其中最有希望的想法转化为具体的替代方案。如果你想在广州找到工作，替代的想法是在深圳工作也行，那你就应努力把这一想法付诸行动，在深圳找到哪怕是一个工作机会。手头有了深圳的工作机会，你就有了较多的准备，可以更好地分析在广州找工作的利弊。

制订最佳替代方案的最后一步是，选出最佳方案。如果谈判破裂，你准备采用哪一个现实可行的替代方案？

通过以上的努力，你有了一个最佳的替代方案。你可以把对方的每一个条件同它进行比较。你的最佳替代方案越理想，就越有能力让协议对自己越有利；你越是为谈判不成功做好了充分的准备，就越是不担心谈判破裂，就越有能力捍卫自己的利益。

该不该把你的最佳替代方案透露给对方，取决于你对对方想法的分析。如果你的最佳替代方案非常有吸引力（比如还有一位客户在隔壁等着你）让对方知道这一点对你有利。如果对方认为你没有好的替代方案，而事实上你却有，就当然应该让他们知道。但是，如果你的最佳替代方案不如对方想象的那么好，向对方透露只会削弱而不是增强自己的实力。

同样，你应该想想对方的最佳替代方案是什么样的。对对方替代方案的了解越多，你对谈判的准备就越充分。掌握了对方的替代方案，你就可以实事求是地估计自己对谈判的期望。如果对方高估了自己的最佳替代方案，认为自己的替代方案无可挑剔，你就要设法降低对方的期望值，或想办法改变对方的方案。

4. 换个角度别有洞天

苹果里有五角星图案吗？我们的回答是没有，但一个 6 岁的孩子发现了。

我们切苹果历来都是竖着切，人们从来都是如此，谁也不曾想过横着切。可是这个 6 岁的孩子却横着把苹果切开了，因为他脑子里没有“横着切是错的”这样的“框框”。于是人们就看到了苹果的横断面上的那个由果核形成的五角星。

这就告诉我们，只从一个角度去认识问题是不行的，事物越复杂，越需要从不同角度去认识。俗话说“别一条道跑到黑”，给我们的启发是——换个角度，别有洞天。

春秋时，郑国弱小，秦晋两大国联军围郑，郑文公派烛之武出城和秦穆公谈判。烛之武见了秦穆公说：“我虽为郑国大夫，却是为秦国利益而来。”秦穆公听后冷笑，不予相信。

接着，烛之武剖析：“秦晋联合围郑，郑国已知必亡，然而郑在晋的东方，秦在晋的西面，秦郑两国相距千里，中间又隔晋国，如果郑国灭亡，秦能隔着晋国管辖郑国的领土吗？郑国只会落于晋人之手！一旦郑国被晋国所吞，晋国的力量便超过秦国。晋国强则秦国弱，替别人扩张势力的事情，恐怕不是智者所为。”

秦穆公听后连连点头称是，请烛之武坐下交谈。烛之武继续剖析：“如果蒙您恩惠，郑国得以继续存在，以后若秦在东方有事，郑国将作为‘东道主’负责招待过路的秦国使者和军队，并提供军队补给。”秦穆公听后非常高兴，遂和烛之武签订盟约并撤军。

烛之武之所以能瓦解秦晋联军，是因为他借助了秦、晋两国势均力敌，互有威胁，且互有猜忌的局势。在谈判中，烛之武换个角度进行说服，假言郑国已知自己要灭亡了，因而将要灭亡的国家对什么都已无所谓，使秦穆公造成错觉，以为烛之武真是“为秦国的利益而来”。然后逐层剖析，陈述秦晋联军灭郑国对秦的利益影响，表面上处处为秦国着想，隐藏了实则为郑国解燃眉之急的目的。

换个角度还可以“以假乱真”，我们看一个例子。

比尔的邻居总是过来借东西，家里的东西几乎都被他借遍了，只是碍于脸面无法拒绝，让比尔不堪其扰。

这天，邻居又来敲门，肯定又是来借东西，比尔打定主意这次无论如何都要找借口推诿。

果然，邻居一开口：“抱歉又来打扰了，我想请问你下午要用修枝剪吗？”

“真是太不巧了，我下午正准备和妻子修剪果树呢！”比尔面带微笑。

没想到邻居竟然露出欣喜万分的神色：“那真是太好了，既然这样，你一定没时间打高尔夫球吧？那可以把高尔夫球具借我用一下吗？”

比尔瞬间目瞪口呆。

这位邻居还真是个谈判高手，居然能巧妙地换了个角度、以假乱真，让比尔作茧自缚。

“以假乱真”的重点在于要做得逼真，自己的真正目的要隐藏得深而巧妙，不被觉察，否则会弄巧反拙。

威廉是X光机器制造商，他也利用“换个角度”的心理战术，把X光设备卖给了布鲁克林一家最大的医院。那家医院当时正在扩建，准备成立全美最好的X光科。L大夫负责X光科主要业务，饱受推销员的骚扰，他每次见到推销员都避之唯恐不及。威廉比其他人更懂得人性的特点，他给L大夫写了一封信，内容大致如下：

我们的研究院最近研制出一套新型的X光设备，第一批刚刚运到我们的办公室，它们并非十全十美，我们很想改进它们，如果你能抽空来看看并提出宝贵的意见，使它们能对医学界有更多的帮助，那我们将深为感激。我知道你十分忙碌，我乐于在你指定的任何时间，派车去接送你。

接到那封信，L大夫很意外，也很欣喜，以前从没有任何一位X光机器制造商向他请教问题，这使他觉得自己很权威。那个星期，他每天晚上都很忙，但他还是推掉了一个重要的约会，以便去看看那套设备，结果，他看得越仔细，越发觉自己十分喜爱它。威廉并没有直接把X光机器推销给他，但L大夫觉得，买下那套设备，完全是出于医院的需求，于是他就动员医院把它购买下来。

换个角度就是转换方向。在推销过程中，推销员经常遇到类似的情况，当正面的产品价格不能起作用时，那就试试换个角度以其他的条件加以说服，效果可能会更好。

比如说厂商要求交货的时间要提早，而且价钱要降低，你就可以假装在交货的时间上先让步，把时间从4月提早到3月，但是价钱你不再让了，对方继续和你谈价钱，谈了半天，然后你说："好啦！我价钱也让给你一点点。"对方很高兴，心想，时间争到了，价钱也争到了。说不定你真正关心的是时间，先以时间为条件虚晃一招，然后你嚷嚷着价钱绝对不让，你就把对方的注意力转到价钱上面，撑了一阵子以后，你让了一点价，对方很满意，而你也守住了时间。

在商业谈判中，有时面对一些很难从正面回答的问题，也可试着换个角度，从话题的反面去思考，这样常可找到新的方案，使人脱离窘境。

有一次，我方与美方的一次商务谈判已进行到尾声，双方只是就一些细节反复协商。这时，美方有人送来一封信，美方首席谈判代表打开一看，信封内空空如也。原来送信人疏忽了，信没装入信封，美方送信人十分尴尬。这时我方代表为缓和气氛，使谈判顺利进行下去，微笑着说："没有消息就是最好的消息。"一句话，使美方送信人摆脱了尴尬，冲淡了紧张气氛。这句话是美国人常用的一句谚语，我方代表巧借此语，使谈判气氛恢复正常。

5. 发出"最后通牒"，逼对方就范

在谈判中，有些谈判者拉开架式准备进行长期的拉锯战，而且他们也完全无视谈判的截止期。此时，你的最佳防守兼进攻策略就是出其不意，发出最后通牒并提出时间限制。

"最后通牒"的主要内容是：在谈判桌上给对方一个突然袭击，改变态度，使对手在毫无准备且无法预料的形势下不知所措。对方本来认为时间挺宽裕，但突然听到一个要终止谈判的最后期限，而这次谈判成功与否又干系重大，不可能不感到紧张。由于他们很可能在资料、条件、精力、思想、时间上都没有充分准备，在经济利益和时间限制的双重驱动下，会不得不屈服，在协议上签字。

美国汽车大王亚科卡在接管濒临倒闭的克莱斯勒公司后，觉得第一步必须先压低工人工资。他首先降低高级职员10%的工资，自己也从年薪

36 万美元降为 10 万美元。随后他对工会领导人讲：“17 美元一小时的活有的是，20 美元一小时的活一件也没有。”

这种强制威吓且毫无策略性的话语当然不会奏效，工会当即拒绝了他的要求。双方僵持了一年，始终没有进展。后来亚科卡心生一计，一天他突然对工会代表们说：“你们这种间断性罢工，使公司无法正常运转。我已跟劳工输出中心通过电话，如果明天上午 8 点你们还未开工的话，将会有一批人来顶替你们的工作。”

工会谈判代表一下傻眼了，他们本想通过再次谈判，在工薪问题上取得新的进展，但他们也只在这方面做了资料和思想上的准备。没曾料到，亚科卡竟会来这么一招！被解聘，意味着他们将失业，这可不是闹着玩的。工会经过短暂的讨论之后，基本上完全接受了亚科卡的要求。

亚科卡经过一年的艰苦谈判都未使工会屈服，而出其不意的一招竟然奏效了，而且问题解决得干净利落。

所谓“最后通牒”，常常是在谈判双方争执不下、陷入僵持阶段，对方不愿做出让步以接受交易条件时所采用的一种策略——有意将合作条件绝对化，并把它放到谈判桌上．明确地表明自己无退路，希望对方能让步，否则情愿接受谈判破裂的结局。

运用“最后通牒”解决僵局的前提是：双方利益要求的差距不超过合理限度。只有在这种情况下，对方才有可能忍痛割舍部分期望利益，委曲求全，使谈判继续进行下去。相反，如果双方利益的差距太大，只靠单方面努力与让步根本无法弥补差距时，就不能采用此种策略，否则就只能使谈判破裂。

需要指出的是，这一策略不可随便地轻易使用，必须在符合上述前提条件时方可运用。但是，当谈判陷入僵局而又实在是无计可施时，这一策略往往是最后一个可供选择的策略。在做出这一选择时，我们必须做好最坏的打算，否则就会显得茫然失措。切忌在毫无准备的条件下盲目滥用这一做法，因为这样只会吓跑对手，结果将是一无所获。另外，在整个谈判过程中，我们应该严格地遵守商业信用和商业道德，不能随意承诺，一旦承诺就要兑现。如果由于运用这一策略而使僵局得以突破，我们就要兑现承诺，与对方签订协议，并在日后的执行中充分合作，保证协议的顺利执行。

发“最后通牒”要注意以下技巧。

（1）出其不意，提出最后期限

在提出“最后通牒”时要语气坚定，不可使用模棱两可的话语，使对方存有希望。因为谈判者一旦对未来存有希望，想象将来可能会给自己带来更大的利益时，就不肯签约了。故而，坚定有力、不容通融的语气会让对方下定最后的决心。

（2）最后时间一定要明确、具体

在关键时刻，不可说“明天上午”或“后天下午”之类的话，而应是“明天上午8点钟”或“后天晚上9点钟”等更具体的时间。这样的话会使对方有一种时间逼近的感觉，使之没有心存侥幸的余地。

（3）发出“最后通牒”言辞要委婉

必须尽可能委婉地发出“最后通牒”。“最后通牒”本身就具有很强的攻击性，如果谈判者再言辞激烈，极度伤害了对方的感情，对方很可能由于一时冲动铤而走险，退出谈判，这对双方均不利。

要让威胁产生效力，就必须通过令人信服的方式表达出来。

6. 打碎对方心中的五彩球

著名的墨菲定律告诉我们：“最有把握的事情，一定会在最糟糕的一刻出错。”这是因为每个人都会高估自己的能力，尤其是自己擅长的能力。而这种心理因素会造成我们总是对未来发展过度看好，然后做出高于自己优势和能力的承诺。

像这样过高的心理预期，往往会形成谈判时的盲点，以及未来合作时的摩擦。所以我们在谈判期间，最好能让彼此都认清现实，避免后续合作出现心理落差。

一些律师在和与客户协商时，常常使用这个谈判策略。

很多人都以为律师的责任就是替客户赴汤蹈火，达成客户心中设定的目标。但其实在诉讼之前，客户和律师要先经过多次协商。客户要告诉律师自己希望达到的目标，而律师则必须将客户过度美化的梦想给打碎，重新制订出“真正可行”的目标和策略，才能避免事后的争议或摩擦。

如果律师没有及时打破客户过度美满的“幻想”，如果他没有在事前告诉客户“这个案子不可能索赔 100 万，若有 10 万就要偷着笑了”，那么最后律师不但要和对方“厮杀”，还要同时安抚、说服客户……，这种情况演变到最后，一定会被对方发现破绽进而有机可乘。结果只能是大家不欢而散。

一位心理学家指出：“每个人都会过度乐观，并高估自己的能力。”尤其在谈判中，大家都会把“最好的”一面拿出来。当我们打算和对方长期合作时，当我们看到对方一些过度膨胀或自以为是的自我认知时，就不该视而不见。因为我们当下的妥协或无视也许能让谈判过程顺畅一点，但实际存在的问题，并不会因为我们掩耳盗铃的做法而凭空消失，只会演变成合作以后的困境。

大家也别忘了，“合作”两个字代表的隐藏意义是“你出差错我也会跟着遭殃”，对方如果真的把事情搞砸了，当然必须自己承担后果，但我们肯定是受到波及成为受到损失的一方。

一家贸易公司的刘总就遇到过这个问题。

刘总的公司与合作工厂在采购谈判时，对方说他们的厂子每个月都会有 2100 件的产量，所以在一年内每个月出货 2000 件，一定“绰绰有余”。

刘总在谈定后，当然也按这个数字回报国外客户，订单和出货时间也都排定了。结果在某个月底前，工厂派人过来道歉，说他们的 3 台机器出了问题，这个月出货量恐怕无法到达 2000 件。

工厂可以派人道歉了事，双手一摊说你再逼我我也没办法，顶多赔钱而已。但对刘总这样的贸易商来说，信用是最大的资本，为了维护信用，他们只好出高价向其他工厂进货，以满足国外客户的需要。下一年，刘总根本没考虑再和这家工厂续约。

这件事如此发展，我倒觉得有一半是刘总咎由自取。如果他不警惕合作方的自我膨胀，这种情况还会不断发生。如果“每个月2100件”是工厂谈判时提出的数据，那客观的平均值至少也要打个八折才行。如果刘总一开始就询问对方：“产量2100件，但是一台机器临时出了问题怎么办？”虽然感觉像是给对方下马威、戳对方痛点，却能通过进一步讨论得到较客观的结果，免去以后不必要的争议和摩擦。

许多案例告诉我们，谁都爱听好话，谁都喜欢前景一片光明。但是摆在眼前的事实则告诉我们，乐观虽然总是带来新希望，但要是乐观过度，尾随而来的很有可能是防不胜防的毁灭。

那么，我们怎样才能知道对方是过度乐观，以及如何给予他们适度的打击？

（1）留意“绝对”、“一定”和“百分之百”

身为一个谈判者，我们要上的第一课应该是“任何承诺都可能在最后一刻变卦”以及“任何事都有再讨论的空间”。所以如果对方在谈判时不断使用“绝对”（我开的价格绝对是市场最低价）、“一定”（我们一定能如期交货）、“百分之百”（我们百分之百会照着合同办）这些字眼，那么他们如果不是在骗你，就是被自己给骗了。

当这些词句频繁出现在谈判桌上，而且出自同一个对象时，我们一定要有所警戒，因为这通常表示对方习惯于夸大，他们做出的承诺到最后常会落空。

如果我们真心希望能和对方长期合作，最好在开始时就戳他们的痛点，例如“我这里有一份比你更低价的报价单……”、“如期交货当然最好，但如果有意外发生，延迟交货该怎么处理？”、“根据过去的合作情况，完全照着合同办对你们来说似乎很困难。”

（2）“我尽量”、“应该可以”……

常使用这种不确定句式回应我们的人，意味着他们明白眼前的条件对他们来说有点勉强，但是过度乐观的心态让他们相信凡事都有解决方法，“只要自己努力一点、赶一点工、多找点人……”就可以在期限内把事情完成。

我们当然可以相信他们真的会尽力，可是这种信任并不代表他们会“确实做到”，大家应该了解这其中的区别吧？

所以如果我们的谈判对象使用这种语句回应，我们应该直接拒绝，告诉对方“我不要‘应该’或‘尽量’，而是真正、确实的回答”，当然，这时局面可能会有点难堪、陷入僵局，但是请相信，事前麻烦绝对比事后弥补来得有效率。

（3）没问题有时是大问题

如果和你谈判的对象，对于你提出的条件或要求都表示没有问题，那么这就是最大的问题了。在商业谈判中那些总是说“没有问题”的人都不是真的没有问题，而是因为他们或是不知道问题在哪里，或是以为自己真的听懂了我们在说什么，而且这两种类型的人还不少。

如果我们不想赌眼前这个人是否真的聪明绝顶，完全明白我们的意思，那么，遇到这种情况时，我们最好再提出一些问题来试探对方理解了多少，如果对方的回答真的理解无误当然最好，如果回答未达到你的预期，至少可以进一步修正双方想法的误差。

第八章　最高级的谈判是无形的

三流谈判靠口才，二流谈判靠理念，一流谈判靠心智。

1. 不打无准备之战

在读书时，先预习功课，上课时就比较容易进入状态，提升学习效率。由于已经事先知道自己了解哪些地方，不懂哪些地方，因此能够专注于不懂之处，针对自己的需求提出问题。相反，如果上课之前完全没有预习，不晓得课程的主题，单是要跟上老师讲课的进度，就已经很吃力了。

谈判也是同样的道理。只有做好万全的准备，才能充满自信，提高说服对方的概率，使谈判进行得比较顺利。

美国曾经有人做过一份有趣的统计，他们发现那些成功人士把谈判失败的原因归咎于意外的比例，只有平常人的2%。也就是说，100件平常人所认为的意外事件中，会让这些人感到意外的最多只有两件。

会有这种差别的最主要原因，大概就如墨菲定律所说的："蛋糕掉在地上总是有奶油的一面朝地面——没有准备就是在准备失败，没有计划就是要计划倒闭。"

所以，进行一次谈判，你要对这一次的谈判做一次全方位的准备——

第一，你要的结果是什么。今天你跟他谈话，你准备成交的金额是多少。

第二，对方要的结果是什么。如果你不知道的话，你就无法去成交。

第三，你的底线是什么。

第四，客户可能会有什么抗拒。

第五，你该如何解除这些抗拒。

第六，你要问自己该如何成交。

如果你事先不将这几个问题想好，而是没有计划地去谈判，你很有可能在交涉时谈偏了方向，甚至可能会被对方误导了。

另外还要准备一些必要的资料。但要注意的是，谈判时不要在谈判桌上堆放大量的资料。这样做的人，通常只有两种类型：一种是极度谨慎型，另一种就是容易退缩型。但是谨慎型的人会把资料藏起来不被对手发觉，他们带这些东西出来只是以备不时之需，而且真正会用到的机会也不多；而退缩型的人则是在谈判开始前就对这场谈判充满不自信，一方面觉得不安心，另一方面想用这些资料助长谈判气势，告诉对方："你看，我可是准备齐全啊！"然而桌下的脚却在不住发抖。这是因为放一堆资料在桌上，代表他对自己一开始就没把握，更别提为了展示这堆资料而手忙脚乱的样子，根本没有时间针对对方提出的条件冷静思考对策。

如果你是容易紧张害怕的人，我劝你在家就应该把要用的资料看得滚瓜烂熟，并备好小纸条，因为把一堆资料带出场不会让你头脑更清晰，反而常会弄巧成拙，让你在谈判桌上出丑。

当要想取出谈判用的重要文件时，如果手在公文包里掏半天，口里还嘀咕着："咦？我明明放在这里啊……难道忘记带了吗？"这样的谈判人员不论在哪个公司都不会被委以重任。

如果是到国外出差，万一忘记带什么东西，不太可能随时就能买到。因此，必须把公文包当成是行动办公室，事先必须做好万全的准备。像笔记本电脑、手机、电子词典、数码相机、U 盘、录音笔、黑红两色圆珠笔、尺、涂改液，还有便条纸等，都是不可或缺的。

所要注意的是，如果你掏出笔正要签名时，却忽然停了下来，为什么呢？原来是钢笔的墨水用完了，这时多么尴尬。如果是签订一件很重要的合同，这也表现出对对方的不尊敬，并且有损你公司的形象。

在谈判的场合中，你必须受到对手敬重。在这么重要的时刻，对方看到你用的是一元钱一支的笔、小学生用的笔记本，心里不知道会做何感想？

虽然没有必要使用特别昂贵的文具，但绝对不要拿出会被对方轻视的便宜货。

凡事都要尽早准备，至少在谈判正式开始前30分钟，进入“临战态势”。这段时间可以再检查一下资料，看看有没有遗漏之处，但最好还是“什么都不做”，让身心彻底放松。

有的谈判高手面对重要的谈判场合，总是让自己在时间上有一些弹性。他们的手表总是特意调快10分钟。这样就可以提早抵达谈判地点，再次思考那些事前准备好的想法。

如果出现意外，确实要迟到了，要基于一般的商务礼节，马上联络对方。而且，如果预计迟到15分钟的话，最好告知对方说可能迟到30分钟。因为若是还有其他的意外发生，再打一次电话延长迟到时间，会给对方留下更不好的印象。如果跟自己预估一样，迟到15分钟的话，还可以运用多出来的15分钟，让心情放松一下、做好心理准备。

原一平在推销保险的时候，成了全日本第一的、全世界排名前十的保险推销员，他是怎么做的？他一个月有25天的时间是在做准备，只有最后5天的时间去谈客户，但那5天成交的业务量却是惊人的。

谈判过程中，只要准备妥当，就能使你信心大增。准备得越完善，就越不会紧张，你就能发挥得越好，而不会一直想着下一步要做什么，也不必担心会出现什么未知数。

2. 做谈判者先要做调查者

在谈判之前，谈判者一定要尽可能多地收集一些对方的信息。

一名优秀的谈判者必须同时是一名优秀的调查者。赢得一场交易有时的确是一种运气，但更多的却是你必须去发现、追踪和调查，直到摸清对方的一切。这样，当你踏进谈判室时，面对一切你都会游刃有余。无准备的成功谈判只是一种偶然，而有准备的谈判则大多会成功。成功的谈判靠的是必然的积累。

客户的有些情况你可以在网上找到或通过熟人找到。如果无法直接找到就用间接的方法，如到客户现有的合作商家那里去了解。从他们那里了解到的信息可能会更有用。当然，由于一些商业情报比较特殊和敏感，为了确保所获得的情报的真实与可靠，在很多情况下，谈判者需要亲自去调查，这是一项复杂而又艰巨的工作。

我朋友的公司有一位项目负责人提出离职申请，因为这位项目负责人做事向来有效率又有想法，我的朋友认定一定是有别家公司来挖墙脚，连原因都没问就说要为他加薪一成，强力挽留。项目负责人眼见盛情难却，就决定留任，但到了第二个月，项目负责人还是决定离开。这一留一走，让我的朋友很难理解。

之后朋友通过向其他员工打听才知道，原来这位项目负责人是觉得工作时间太长，陪小孩的时间太少，才萌生离职的念头。朋友叹口气告诉我："早知道，就多请一个人分担他的工作不就好了？"

有时候我们在谈判中，也会因为搞不清彼此需求，像我这位朋友一样，出现提供错误条件的情况。

事实上，当谈判双方对自己的真正目的隐而不宣时（当然这是谈判场合的普遍状况），我们难免会对对方的目的多加臆测，但是这样做绝对是有风险的，因为我们在臆测时多半会消极假设"情况将对我们不利"，尤其当信息量不足时，更容易对一些关键词产生错误理解，误解对方的真实意思，结果就会造成双方的不愉快。更糟的是，有时候你自认牺牲求全的结果，还可能被对方无视。

"信息量不足"包含很多意义，其中最简单的解释，是指你的情报收集不彻底。如果我那位朋友在项目负责人提出离职要求时不是靠臆测，而是先问清楚原因，就不会出现双方不理解的情况。把这例子套用在谈判上的话，如果我们有办法在谈判前或对话中，收集或判断出更多实际信息，就会避免做出错误决策、制造双赢的概率就能增加不少。

当你发现自己手上握有的信息量不足时，务必要学会叫停。休息片刻或停战几天，通常可以有助于整理和判断手中信息，还能再收集更多有用信息。这能让我们避免在信息不足时做出冲动决定。反过来说，如果我们做不到，就别幻想在谈判桌上呼风唤雨。

在美国有位麦凯先生，被称为有史以来世界上最伟大的人际关系专家。为什么他的人际关系这么好？因为他很认真地研究每一个人，了解别人的需求，了解别人的背景、家庭、生活、事业、健康、爱好，他发现越了解顾客的时候他越能投其所好，别人就越欣赏他，他们的关系就越好。

麦凯还讲过一个故事：

有一次他要拜访一个大企业老板，大企业老板不向麦凯买商品，而是向麦凯的竞争对手买商品，麦凯就派人调查有关这个老板的一切资料，调查了两年。有一次他准备要打电话给这个老板，他刚好不在，他的秘书说老板去医院了。老板去医院干什么？小孩住院了。他马上翻开资料，发现老板的小孩喜欢看篮球，喜欢迈克尔·乔丹。他正好认识公牛队的经理，他买了一个篮球请求乔丹给签上名，然后把这个篮球寄到医院。小孩在病房里面本来是蛮痛苦的，不料竟收到一个大大的包裹。打开一看，是篮球，上面还有乔丹签名，小孩非常兴奋。全医院都把小孩当成了英雄。

当他的父亲到了医院，看到这种情况就问："孩子，你怎么不睡觉？"

"爸，我有迈克尔·乔丹签名的篮球。"他爸一看就问："你怎么会有？"

"我不知道谁送我的。"一看是麦凯送的，又问："爸，麦凯是谁？"

"麦凯是想卖我商品的那个老头子，他想把商品卖给我两年了，我都不买。"

"爸，你怎么可以不跟他做买卖？不行，你一定要向他买。"

这就是因为彻底了解顾客背景，才能做出的相应回应。

3. 渊博的产品知识是成交的基础

在与客户的沟通中，客户很可能会提及一些专业问题和相关服务流程问题。如果谈判者不能给予恰当的答复，甚至一问三不知，无疑会给客户的购买热情浇冷水。

作为一名优秀的谈判者，应该非常了解自己的产品，能回答出客户提出来的关于产品的所有问题。你对自己的产品了解越深，你就越会充满自信，谈判也就变得越顺利。作为一个谈判者至少要知道你的产品能带给客户哪几大好处？你的产品到底为什么值这个钱？你的产品最大的两三个卖点是什么？客户为什么一定要买你的产品？最大的理由是什么？你要把自己产品的基本原理、功能和一些基本的技术参数都背下来。

比如推销一个新上市的高科技产品，一上来，客户肯定会让业务员对它做个基本介绍，如为什么叫“纳米汽车空气净化器”，是不是同一类产品人家叫别的名字；如它有多少个品种、规格和式样；它有哪些功能和用途，如何保存，使用年限有多长，在使用过程中有些什么特别注意事项等。

在一次展销会上，一位客户看中一台机器，想了解一下是用什么钢材制造的，轮子朝哪个方向旋转，业务员却回答不出。客户十分不满：你来推销产品，自己都弄不明白，别人敢买吗？

这说明，谈判者一定要了解所推销的产品。要把产品销售出去，就要了解客户的需求心理，刺激客户的需求欲望，引导客户做出购买决定，并向客户提供服务。为此，谈判者只有十分了解自己的产品，能很轻松地回答客户的各种问题，才能取得客户的信任。而那些无法回答客户问题的谈判人员，也许他们有很好的辩才，但他们绝对不是最好、最专业的谈判人员，他们的工作只能是被动的。

最好能把专业知识通俗化，在谈判过程中能带样品的一定要带，不能带样品的一定要有非常漂亮的产品图片和资料，让客户一看就明白。

有些时候，谈判者仅了解自己的产品的情况还是不够的，还应尽量了解自己竞争对手的同类产品，特别是应知道他们的产品同自己所经营的产品比较起来有哪些不足之处。这样做你就会获得顾客的信任，能使其将选择的目光转到你的产品上。

4. 做一名谈判桌上的“演员”

你的形象——容貌、穿着、气质、素质和言谈举止——代表着你的公司。任何客户都不会跟一个形象差的人做生意，因为在客户的潜意识里，你的公司也很差，这样你就直接影响了公司的生意。

谈判人员的形象首先应该是一种精神状态，你不能在和客户谈生意时，睡眼惺忪，精神不振，心不在焉。

其次，头发要整齐，不能太出格。男士应该面容干净，不能留胡子，女士要化淡妆，不能太浓妆艳抹。服饰要求一定要职业装，男士最好是西服领带，皮鞋要干净光亮，女士不能穿超短裙和短裤，也不能穿拖鞋。言谈举止要落落大方，不卑不亢，彬彬有礼。

再次就是在谈判中，谈判者通过姿势、手势、眼神、表情等非发音器官来表达的无声语言，往往在谈判过程中发挥着重要的作用。

下面谈谈几个应注意的细节问题。

（1）别敲桌更别抖腿

每一位谈判新手，或是对一场谈判感到紧张、犹豫、害怕的谈判者，都会有些小动作出现，其中出现率第一的是用指腹或指节敲桌子，接下来则是不断变换双腿位置、舔唇、摸领带和抖腿。

当然，这些动作通常是潜意识的，你必须事先找人观察才有可能发现，即使你发现了，在真正紧张或害怕的状态下，还是有可能会出现，不过这正是你身为一名“谈判桌演员”所要克服的基本问题，你唯一能做的就是练习、练习、再练习。

（2）喝水时永远别干杯

人在胆怯、紧张时必定会口干舌燥，很多人常会将会议桌上的水一饮而尽，一添再添，不过这个动作就等于在主动告诉对方："我快吓死了，接下来到底该怎么办？求你不要再逼我了！"

想要解除这种口干舌燥的状态，又不想被对方看出你的惊慌心理，喝水时不妨试着一次只喝半口，并在嘴里略含两秒钟再咽下肚，这个动作可以有效滋润口舌，还能缓解你的紧张情绪，帮助你稳定演出。

（3）让对方以笑回应

俗话说："不会笑就别开店。"看来，人们早就知道商业谈判时面带微笑的重要性。但是，我们笑了，对方也会笑吗？据调查显示，不是所有的笑都能让对方满意，人们能区分发自内心的笑与虚情假意的笑，前者更能令对方满意。

当一个人不知所措或胆怯时，不管再怎么伪装，勉强挤出来的笑容都容易被识破。我们可以想象此时你的大脑正处于左右脑对抗状态，导致脸部神经不自然地被牵引，笑容往往会呈现明显不对称的状态，这样容易给人带来负面印象（例如皮笑肉不笑、神经兮兮、笑得很虚伪，等等）。

那么，怎样才能让自己的笑感染对方呢？

有一种方法，那就是——找别人的优点。这时我们的微笑就是真诚的、感人的，能让对方以笑回应。但多数人总把目光盯在别人的缺点上。如果我们能多找找他人的优点，就能增加彼此间的好感。

如果你并非训练有素到随时可以露出真诚的笑容的程度，那就索性一脸严肃出场。在谈判场合中，有时候没表情就是最好的表情，再加上适当的沉默，常能给对方以深不可测的印象并产生压力，这种"非演之演"有助于你在极度不自在的谈判中，争取主动权。

（4）有理不在声高

很少人知道，“声调”也能毁掉对方对我们的好感与信任感。

在心理学家盖洛普的调查中，“讲话太大声”在“引起对方厌恶”的排名中名列前茅，有75%的受访者表示，这些音量过大的人会让他们精神无法集中、感觉疲惫、对其感到厌倦。

若不想招人烦，有几个建议可以参考：

——多数大声说话的人是因为本身有听力上的问题，使他们不自觉放大自己的音量。做个听力检查，说不定能有所发现。

——如果不是听力上的问题，就要请朋友或家人随时提醒你注意嗓门。

——随时留意听者的表情，当他们开始神情恍惚、皱眉或做出以手遮耳的动作时，记得先检讨自己。

（5）站起身来真诚握手

当一个人面临下决断的最后时刻，通常会感到不安。若要帮助对方排除忧虑，让他尽快地下定决心，该怎么做才好呢？

在谈判过程中，当协议即将达成之际，如果对方仍然感到不安，此时已不需要任何言语，只要站起身来走向对方，笑容满面地跟他紧紧握手即可。

比如，谈判已接近尾声，对方的代表说道：“我们希望能跟贵公司一直保持合作关系。”他的声音虽然很小，但对方似乎想要谈妥所有的协议事项，完成此次的谈判。这时你就要露出笑容站起身来，并往前靠过去，说道：“当然，我方也希望与贵公司一直合作下去。无论如何，请你接受这个价格条件，拜托你！”话一说完，你迅速地把手伸出去，与他紧握。

只要你伸出寻求共识的手，就不可能被对方拒绝。

然而，想要有效运用这一技巧，必须懂得拿捏时机，太快或太慢出手都不行。如果对方尚未进入最后拍板定夺的阶段，那就太早了。相对的，要是对方已下定决心下次再议，那又太迟了。因此，一旦察觉到对方心中正在举棋不定，就要毫不犹豫地伸出寻求共识的手。看似简单的“握手”，其实也是说服对方的法宝之一。

我们要清楚自己正在进行“角色扮演”，对方眼中看的不是我们本身，而是我们所扮演的“角色”，唯有全心融入角色，才有可能得到热烈回应。

5. 商务关系说白了就是人际关系

谈判行为是一项很复杂的人类交际行为，它伴随着谈判者的言语互动、行为互动和心理互动等多方面的、多维度的错综交往。这就要求谈判者必须懂得如何与人打交道。毕竟销售商品的是人，进行沟通谈判的也是人。

谈判中有条重要的原则是：“即使只见过一次面，也要让对方印象深刻。”就如大家所知，要学会谈判技巧，必须先懂得如何“展现自己”。不管是哪个国家的谈判高手，都要懂得展现自己，也就是要具备“让人另眼相看”、“令人印象深刻”的能力。

面对包含各种复杂要素的谈判，在展现自己的同时，还要能够了解对手。

在各种交往事务中，人们往往忽略了这样一个基本的谈判事实，即对方是活生生的人，而不是一个抽象的对方的代表。他们有感情、有自己的价值观、有不同的背景和看问题的角度。他们有时甚至让人捉摸不透。忽视他们的反应，往往会给谈判带来灾难性后果。从着手准备谈判到谈判的后续工作你都应该问一下自己：“我对人际关系问题是否足够重视？”

如果客户很愿意接受你的意见，并付诸行动，那就证明你的行为是有效的，沟通是成功的。失败的沟通只会拉大彼此间的距离，导致防范心理越来越重，谈判的难度也就越来越大。

双赢谈判，不仅是表示“彼此打开心门”，还代表双方之间原来就没有所谓的“谁输谁赢”。唯有相互理解，才能成就良好的商务关系。当彼此都有“这次的谈判真令人满意”的感觉，才可能建立互信的关系。在相互理解的一瞬间，自然地伸出手，甚至涌出想要拥抱对方的冲动，这才是谈判的真谛。

如果能够理解对方，察觉他心里深处的价值观，就结果而言，这对谈判绝对有所助益。除此之外，通过相互了解，也可建立良好的人际关系。

我建议，不妨尝试与对方建立“工作以外的交往关系”。成为挚友需要顺其自然，无法强求。而“工作以外的交往关系”，则是只要肯努力就可以获得。

其中最好的方法，莫过于“闲聊”了。就我的经验，一个健谈的人，通常也善于谈判。因为，这样的人总是有话题可以聊，就算工作上已没什么东西好谈，还有生活中的大小事和新闻等，许许多多的题材都可以发挥。不管怎样，最好平时就先想好一些话题，而且是多多益善。

第一种是“自己最为熟悉、最擅长的话题”。一定要准备一个聊起来绝不输人的话题。

还有一种则是“无论是谁都可以参与，比较浅显、普遍的话题”。此题材的最佳来源就是报纸。阅读报纸不限时间、地点，而且部分国际性报道，也比电视新闻来得深入。其实，没有必要将整份报纸读完，但每天起码都要大略浏览一下。不管是财经版、金融版、政治版、国际版、社会版、体育版，甚至广告版的一些标题，都可以当材料。另外，国外企业的高层主管，几乎都要打高尔夫球，因此，最好也准备一些有关高尔夫球的话题。

闲聊的时机，并不仅限于用餐时或打完招呼之后。事实上，在走路的过程当中，也是建立这种“工作以外的交往关系”最好的机会。

边走边聊，通常会让彼此觉得更为亲近。这或许是因为“两个人一起走向同一个方向”也说不定，此时很容易让人放松心情，敞开心胸，的确很不可思议。

一般来说，没有人会边走边谈一些工作上的重要话题，所以可以聊一些“昨天怎么样啊？”“这个周末有什么打算呀？”等轻松的话题。

如果从这个角度来思考的话，其实谈判并非一定得在办公室或会议室里进行，任何地点都能好好利用。

最具代表性的莫过于晚上的饭局。我认为，夜晚这段时间最为宝贵。在这个以酒精放松身心的时刻，能够让对方认识真正的自己，同时也可以看清对方最真实的一面。

一个建立在信任、理解、尊敬和友谊基础上，并经过时间考验的合作关系，会使谈判一次比一次愉快和顺利。

6. 遇到问题，对事不对人

每个谈判者都有两方面利益：实质利益和关系利益。

让每个谈判者都想达成满足自己实质利益的协议，这正是人们谈判的原因。除此之外，谈判者还应重视保持与对方的关系。好比一个古董商既希望赚钱，又希望顾客成为老主顾。

我们所要注意的是，多数谈判是在人际关系不断发展的情况下进行的，因此谈判是围绕着促进而不是有损人际关系，并为以后的谈判铺路的目的而展开的。事实上，在和许多长期客户、商业伙伴、家庭成员、同行、政府官员以及不同的国家进行谈判时，维持关系的意义远远高于某次谈判的结果。但在谈判中常常会把各方面的关系与实质问题混淆在一起。无论是给予的一方还是索取的一方，都可能把人和事等同起来。

比如，在家庭里，一句诸如“厨房简直一团糟”或“银行里没多少存款”的抱怨也许仅仅只是指出问题，却容易被误认为是人身攻击。同样的道理，在谈判桌上，你对于当前形势的怨气也可能撒在某个人身上，你可能还莫名其妙地不知道怎么就得罪了对方。

人际关系与心理问题混淆的另一个原因是谈判者经常对别人的话进行毫无根据的推论，并将其与自己的意愿、态度联系起来。我们稍不留神就会犯这个错误。把谈判当成一场针对立场的意志较量，会使人际关系与实质问题纠缠不清。

学会把人和事分开，不要因为对方使用了某种你认为不正当的手段，就对其进行人身攻击。假如对方产生抵触情绪，就更难放弃该手段了。由于心怀不满，对方还会在其他问题上找麻烦。你应当对不正当的手段本身提出质疑，不要怀疑对方的人格。不要说："你故意把我安排在朝阳的位置。"而应直接针对问题："我觉得阳光照得我眼花，分散我的注意力。如果问题还解决不了，我想早点离开回去休息一下。我们是否能重新调整一下日程？"改变谈判程序比改变你与之打交道的人容易。不要为了教训对方而转移谈判的目的。

有的谈判者甚至这样认为：客户就等于我的对手。

仔细想想，这样的观点准确吗？对手是用来战败或者消灭的，在战场上你可能认为这很光荣，但在谈判桌上打败了客户，对你来说却是一种灾难。

解决实质问题和保持良好的合作关系并非互相矛盾，只要谈判各方能够在心理上做好准备，依据其合理性分开处理这些问题。对谈判各方更为有效的策略是：视彼此为合作者，大家一起冷静地去寻求有利于双方的公平协议。

正像两个落难水手在汪洋大海中的一艘救生筏上为有限的给养发生争吵一样，但为了生存，两个水手必须把人际问题和客观问题分开。他们必须认定各自的需求，如需要药品、淡水、食物等，进而把满足这些需求当作两个人的共同目标，同时考虑其他要共同解决的问题，如轮流放哨、收集雨水、将救生筏划向岸边等。这两个水手只有并肩协作来处理共同面对的问题，才能协调好利益冲突，获得更多共同利益。对于两名谈判者，道理也是如此。不管我们之间的关系有多么紧张，只要双方联手合作应对共同面临的问题，我们就能更好地协调各自的利益需求。

为了改变对方的态度，变正面交锋为并肩合作，你就得把问题清楚地摆出来："你看，我们都是律师（外交官、商人、家属等），如果我们不努力满足你们的利益，我们也不可能得到令自己满意的结果。反之亦然。让我们一起为满足双方的共同利益而努力吧。"或者，你也可以一开始就以共同解决问题的态度对待谈判，用实际行动影响对方，使之愿意合作。

把人与事分开并不等于一劳永逸，你得持之以恒地去做。其基本出发点是：将对方当成有血有肉的人来对待，而不是就事论人。

7. 给自己的情绪安一个开关

人是有感情的动物，但作为一个谈判人员，则不能随意流露感情，特别是当出现一些激动人心的场面时，更应注意控制自己的情绪，做到“喜怒不形于色”。

人的情绪基本上有兴奋、平静和低潮三种表现。人在谈判时就跟生活中一样，也存在着不同的情绪。与兴奋情绪有关的情感可能属于下面的某一类：生气、难过、高兴和恐惧。反过来，每种情感又都有相关的行为。当人们确实生气的时候，他们会大喊、尖叫、讲粗话、用拳头击打东西、脸色通红、停止倾听、身体前倾、停止谈话，或者用凌厉的语言压倒其他人。

我想无论是谁，都曾有过在言语上与别人激烈交锋的经验。但是当情绪高涨时，就有言语失控的危险。当双方针锋相对、情绪持续紧绷时，身心难免觉得疲惫，这个时候，人确实会变得容易发怒。

我们需要谈判的原因之一，就是因为有些事情靠“感性”是行不通的，必须靠“理性”才能寻求最佳解决之道。硅谷电脑工程师间流传着一句名言：“输入的是垃圾，那么输出的也是垃圾。”这句话用在谈判双方身上更是形象，如果我们用情绪化的态度和对方交涉，得到的肯定也是对方情绪化的回馈。

有经验的谈判专家建议，处理谈判中的情感冲突，不能采取面对面的硬性方法。采取硬性的解决方法往往会使冲突升级，反而不利于谈判的继续进行。对待过激的情绪问题，我们可以从以下三个方面来着手解决：

（1）首先关注和了解对方的情绪，也包括你自己的情绪

如果你的谈判对手非常生气，或冲你大发雷霆，那么一定要密切注意对方的情绪变动，当然也要包括你自己的情绪变动。应首先弄清楚对方生气的原因。是对方在寻找报复的途径，还是个人家庭问题干扰了商业合作？

对方是想通过发脾气的手段迫使你让步，还是对方在束手无策的情况下的一种情感宣泄？弄清楚原因是最终解决问题的方法。但是在对方情绪不稳的情况下，不宜急于解释和澄清。

（2）让对方的情绪得到发泄

在对方情绪还在发泄时，并不是解决问题的最好时机。这时，最好的办法就是静静地倾听，千万不要还击。

通常，对付人们生气、沮丧等消极情绪的有效办法是：让他们把坏情绪发泄出来。人们只要把委屈倾诉出来就能获得心理上的轻松。如果你下班回家后，向妻子讲述一天中办公室里的不愉快事情，而她却说："没必要跟我说这些，我也工作得很辛苦。"这时你的心情会变得更为沮丧。对谈判者而言也是如此。发泄完情绪能使后面的谈判变得理智。

因此，当别人发脾气时，你不要打断对方或者摔门而去，而应克制自己的情绪，继续待在那儿，任对方发泄不满。

几年前有两个大公司在谈判债务问题，会谈过程中，甲方代表不断以不当言语对乙方进行人身攻击，乙方却未恶言相向，反而安静地聆听，甚至在某些时刻还点头赞同。

会后，记者询问乙方代表为何不反击，他回答："我是来谈判的，不是来吵架的。"两方谈判代表的气度立见高下，媒体舆论也自此一面倒向乙方，在之后的谈判上，乙方也更显得心应手。

（3）使用象征性的体态语言缓解情感冲突

在缓解情感冲突时，有些具有象征性的体态语言往往会起到意想不到的、令局面发生逆转的作用。情侣们都知道，只用一支红玫瑰就可以结束一场争吵。经验丰富的谈判者认为，用行为表示道歉是谈判中成本最少、回报最高的投资。

在商业谈判上，个人情感的输赢没有实质意义。非要弄清谁是谁非并不是最终的目的。我们平常所遇到的谈判场合，不管是合作、协调、分工……最终目的无非都是想找出共识，解决问题。一般在双方心理都能维持愉悦状态时，就不会排斥“退一步海阔天空”的想法，进而能够一起创造双赢的契机。即使对方情绪失控，只要你能保持镇静，继续周旋，输家就绝对不会是你。

8.“心中无剑”是最高的谈判境界

电影《英雄》中，秦王领悟了剑法的三种境界：第一，手中有剑、心中却无剑；主要练就的是一招一式；第二，手中有剑、心中有剑，所谓人剑合一，练就的是剑气；第三，手中无剑、心中也无剑，是一种至大至空的平和，被称为剑法的最高境界。

谈判也是如此。所谓“三流谈判靠口才，二流谈判靠理念，一流谈判靠心智”，就是这个道理。

评价一个谈判人员能力的高低，不能看他的“忽悠”功夫，而首先考查的是他的心智模式，比如是否拥有阳光心态。

有人看似轻松地就能谈出优良业绩；有人却费尽心机、无所收获，而且承受着巨大的心理压力，究其原因正是谈判境界的差异。前者达到的显然是更高的境界，他们不是在销售自己的产品，而是向客户充分展示自己的心理魅力。在这种阳光心态的影响下，顺利签订合同也就理所当然了。

“阳光”是一个非常美丽的词汇。它普照天下，孕育万物，公正无私，默默奉献，使世界充满爱与温暖。那么我们的谈判人员怎样才能拥有阳光心态呢？

（1）投入你的热情

《塔木德》一书中说：“爱工作和知识是我们的幸福之源，也是支配我们生活的力量。如果仅仅把工作当成一种谋生手段，我们就不会重视它、热爱它。工作带给我们的东西，远远超过其本身的内涵，不管做什么，都要真心热爱所做的事。”

热情可以弥补你的不足，即使是推销新人缺乏推销经验，也能凭着不可抗拒的热情不断地将产品推销出去。热情还可以传递给客户。商品是没有生命的东西，但客户却是有血有肉的人，会被热情所打动。

全美国历史上最大额保单的销售人员，叫甘道夫，专做超级大保单，不到一年销售出10亿美元保额，创下销售史上最高纪录。甘道夫每次出场之前，一定会先在家里想象完美的成交画面，然后再出场，这叫心灵预演。

你也可以在谈判前，先想象自己成功的景象，这会使你有一场完美的演出。高尔夫球选手总是在闭上眼睛想象挥杆出去球如何完美地进洞的画面之后才去挥杆，虽然球不一定能完美进洞，但会更接近目标。赛跑运动员也是在还没有鸣枪起跑的时候就先想象自己一马当先的样子。而你身为谈判高手，如果善用这个方法的话，你就会将自己的心态提升到最佳状态。

（2）真正关心你的客户

丹尼斯·里根教授提出过一个互惠原则。这个原则说，你怎样对待别人，别人就会怎样对待你。

也许有人提出疑问，为什么人会产生这种互惠现象呢？原因在于，每个人都想保持内心的安静与平衡，所以当他们感觉到自己亏欠对方时，会本能地回馈对方。对此，著名的考古学家理查德·李基说：“我们能够成为人类，是因为我们的祖先学会了在一个公平的偿还网络中分享食物和技能。”这便是心理平衡性的作用，这种平衡性使人们之间形成了互惠原则。

丹尼斯·里根也说：“施恩是回报率最高的长线投资。”社会经验和道德因素也告诉我们，当你为了得到他人的支持而费尽心思时，不妨学会先给予对方所需的东西，然后再向其索取你想要的东西，这时效果往往会事半功倍。如果我们帮助过某一个人，就等于在他的心里埋下了一种责任感，促使他将来回报我们；当我们需要帮助时，他自然就不会袖手旁观了。

以上观点说明，在谈判桌上说服他人与自己合作时，我们应该无条件地先提供真诚且有用的帮助。用这种态度对待合作，不仅会增加赢得他人

同意的概率，还会使合作关系长久地建立在牢固、相互信任的基础上，而非一种脆弱的、带有附加条件的合作关系。因为在后一种合作关系中，一旦你做出的承诺不能兑现，或他人对此承诺不再有兴趣，那合作关系也就戛然而止了，辛苦建立起的合作桥梁将应声倒塌。

（3）谈判不是赌注

最近我常常看到电视上在演一些以企业家庭为主题的偶像剧和乡土剧，剧中多少也有一些谈判场合，不过我觉得有趣的是，剧里每个人在踏上谈判桌前，都在大声嚷嚷，说些什么“我会赌上我的性命，绝不会让他们得逞”、“这是我们最大的赌注，要是输了，就什么都没了……”诸如此类的话语。

每次看到演员一本正经地喊出这些“誓言”，我都忍不住想笑，因为在现实生活中，如果大家都抱着这种孤注一掷的心态去谈判，别说想要达到合作状态，最后双方不撕破脸的概率都微乎其微。

要深究原因的话，主要有以下两点：

首先，当你带着这种把谈判当成赌博的心态上场时，就不会考虑对方的实际状况，因为你脑袋里只会充满打垮对方以得到预期效果的念头。当你根本不考虑对方的状态时，怎么可能知道对方的底线在哪里？怎么可能知道你的要求会不会超出对方负荷？

其次，谈判是一种工具、一个过程，而目的则是尽量达成双方的最佳期望。而“赌”是只看结果定胜负的游戏，和谈判随时可协商的性质截然不同，当你带着赌徒心态坐上谈判桌，不仅会带给自己压力，思绪也容易定型，更别说对方肯定感受得到你丝毫没有让步的打算了。

当你想从对方身上得到好处时，最好的方法绝对不是用“赌一把”的心态，想一次就把对方现存的所有“财宝”掠夺过来，而是留给对方可以持续生存发展的空间，未来才可能有更多而且永不间断的利益可图。

2008年经济危机时，英国民众在冰岛银行储蓄的资金几乎全数要泡汤，但英国和冰岛进行的“讨债谈判”并不是要冰岛马上偿还所有的钱，而是设法替冰岛发展相关产业。因为英方了解，唯有帮助冰岛站起来，才有可能达到真正的目标——连本带利拿回所有储蓄的资金——相反，要是要求超出冰岛的底线，一下子掏空它，得到的说不定只有对方破罐子破摔的结果。

（4）欲取先予，合作双赢

谈判必须站在客户的立场上去考虑问题，努力满足客户的需求，让客户满意，然后才谈得上你个人的业绩和企业的发展。

“欲取先予”就是这个道理。我们卖的不是产品，更是一种服务、一种承诺，一种让商家持续实现利润的商业模式，一种解决客户现实问题的有效方案。

你现在得到的都是你原先付出的。你在付出时越慷慨，你得到的回报就越丰厚，这是公平的游戏规则。在这一原则的指导下，谈判就可以定义为：欲取先予，合作双赢。

练就阳光心态并非一朝一夕之功，面对客户一次又一次的拒绝，甚至是刁难，你还能“阳光”起来吗？除了注重上述四点之外，每个谈判人员还要准备经历一次次实战的历练，正所谓“不经历风雨，难以见彩虹”。

我们的“谈判大使”，你准备好了吗？

扫码获取
更多资源